DE LA
SUCCESSION ANOMALE

DES

ASCENDANTS,

MONOGRAPHIE

CONTENANT L'ÉTAT DE LA DOCTRINE ET DE LA JURISPRUDENCE
SUR TOUTES LES QUESTIONS CONTROVERSÉES DE LA MATIÈRE,

PAR

H. MAUCLAIRE,

AVOCAT

DOCTEUR EN DROIT,

PARIS

A. MORANT, LIBRAIRE,
RUE DE SORBONNE, 22, EN FACE LA SORBONNE

—

1865

DE LA

SUCCESSION ANOMALE

DES

ASCENDANTS

PARIS. — TYPOGRAPHIE MORRIS ET COMPAGNIE

64, Rue Amelot

DE LA
SUCCESSION ANOMALE

DES

ASCENDANTS,

MONOGRAPHIE

CONTENANT L'ÉTAT DE LA DOCTRINE ET DE LA JURISPRUDENCE

SUR TOUTES LES QUESTIONS CONTROVERSÉES DE LA MATIÈRE,

PAR

H. MAUCLAIRE,

AVOCAT

DOCTEUR EN DROIT.

PARIS

A. MORANT, LIBRAIRE,

RUE DE SORBONNE, 22, EN FACE LA SORBONNE

1865

DE LA

SUCCESSION ANOMALE

DES ASCENDANTS.

—

Art. 747, C. N.

Aux termes de l'article 747 du Code Napoléon, « les
» ascendants succèdent, à l'exclusion de tous autres,
» aux choses par eux données à leurs enfants ou des-
» cendants décédés sans postérité, lorsque les objets
» donnés se retrouvent en nature dans la succession.—
» Si les objets ont été aliénés, les ascendants recueillent
» le prix qui peut en être dû. Ils succèdent aussi à
» l'action en reprise que pouvait avoir le donataire ».
— Cette disposition établit une succession régie par des
règles spéciales, qui ne se rencontrent pas dans les successions ordinaires ; aussi porte-t-elle le nom de *succession anomale*. Souvent encore, pour la désigner, on
se sert des mots *réversion, retour légal, retour successoral*. On emploie l'expression réversion, parce que le
bien retourne aux mains de celui de qui il était venu,
revertitur ad eum qui dono dedit ; celle de retour légal,
parce que les choses données retournent par le seul
effet de la loi, *hoc lege faciente*, et non par l'effet de la

convention, *stipulatione*, comme dans le retour conventionnel ; enfin celle de retour successoral, parce que c'est à titre de succession, comme nous le verrons plus loin, que la chose donnée revient aux mains de l'ascendant donateur.

Cette matière du retour légal méritait plus de développement que le Code ne lui en a donné. Un seul article ne suffisait certes pas ; aussi en est-il résulté, sur différents points, des controverses fâcheuses qu'il eût été bien facile d'éviter. La discussion au Conseil d'État nous révèle qu'on a passé beaucoup trop rapidement sur notre texte, et c'est à cela sans doute qu'il faut rapporter ses imperfections. On a oublié les graves questions qui s'agitaient dans l'ancienne jurisprudence, et on nous a involontairement placés en présence d'une disposition incomplète. Quoi qu'il en soit, nous devons nous résigner à interpréter la matière d'après les règles que nous trace le Code, sauf à les compléter par l'ancien droit, chaque fois qu'il pourra nous fournir des éléments de solution.

Nous diviserons nos explications en cinq chapitres. Dans le premier, nous jetterons un coup d'œil sur la législation romaine, l'ancien droit et le droit intermédiaire. Dans le second, nous déterminerons la nature du retour légal et les conséquences qui en résultent. Dans le troisième, nous verrons quelles personnes jouissent de ce droit, et dans quels cas il s'ouvre. Dans le quatrième, nous rechercherons quelles sont les choses qui en sont l'objet. Dans le cinquième, nous rapprocherons l'article 747 des principes qui régissent la réserve et la quotité disponible. Enfin, nous signalerons, sous forme d'appendice, les différences qui séparent la succession anomale des ascendants, des successions ordinaires et du retour conventionnel.

INTRODUCTION HISTORIQUE.

Dans ce chapitre, nous devons parcourir rapidement la législation romaine, et examiner quelle fut dans notre ancien droit, la jurisprudence des pays de droit écrit et des pays de coutumes. Nous devons également dire quelques mots touchant le sort du retour légal sous l'empire du droit intermédiaire. Chacun de ces points sera l'objet d'un paragraphe spécial.

§ I.

Législation romaine.

Vers la fin de la République, l'existence de la société romaine fut gravement compromise par la dissolution des mœurs; la dépravation morale avait alors atteint des proportions si effrayantes, que l'institution du mariage, élément essentiel, constitutif de toute société, avait été complétement ébranlée. Les justes noces n'étaient plus en honneur; les uns leur préféraient le célibat, les autres ne s'en servaient que pour satisfaire leur libertinage au moyen du divorce. C'était par leurs maris, et non par les consuls, que les dames romaines comptaient le nombre des années. Un semblable état de choses était alarmant, il fallait y apporter un remède; on le chercha dans l'encouragement au mariage. A cet effet, diverses lois bien connues furent portées, les unes prononçant des déchéances, notamment contre ceux qui avaient vécu dans le célibat, les autres accordant certains avantages à ceux qui avaient cherché dans le mariage une postérité légitime.

La dot elle-même fut entourée d'une faveur toute particulière; on alla jusqu'à la considérer comme étant d'intérêt public. « *Reipublicæ interest*, nous dit le jurisconsulte Paul dans la loi 2, D. *De jure dotium; mulieres dotes salvas habere propter quas nubere possint* ». En conséquence de cette idée, une constitution de Sévère et Antonin alla jusqu'à donner action contre le père, pour le contraindre à fournir une dot. « *Ex constitutione divorum Severi et Antonini*, dit la loi 19, D. *De ritu nuptiarum; per Proconsules Præsidesque provinciarum coguntur in matrimonium collocare et dotare* ». Bien plus, le père qui ne cherchait pas à marier sa fille était considéré comme mettant un obstacle à son mariage. « *Prohibere autem videtur*, dit la même loi, *et qui conditionem non quærit* ». Envisagée sous le rapport de ceux qui l'avaient constituée, la dot était *profectice* ou *adventice*. Elle était profectice lorsqu'elle avait été constituée par le père ou par un aïeul paternel, ou par un tiers pour leur compte. Elle était adventice lorsqu'elle provenait

de toute autre personne que le père ou l'aïeul paternel.
« *Dos*, dit Ulpien, *aut profectitia dicitur, id est quam pater mulieris dedit, aut adventitia, id est ea quæ a quovis alio data est* ». (*Lib. Reg.* T. VI, *De dotibus*).

Ce n'était pas le droit de puissance, *jus potestatis*, qui rendait la dot profectice, mais bien la qualité de père ou d'aïeul paternel. « *Si pater pro filia emancipata dotem dederit*, dit la loi 5, § 11, D. *De jure dotium; profectitium nihilominus dotem esse nemini dubium est :* QUIA NON JUS POTESTATIS, SED PARENTIS NOMEN DOTEM PROFECTITIAM FACIT ». Peu importait donc que la fille fût ou non *in potestate*. Cela résulte, du reste, d'autres textes ; ainsi, dans la loi 10, D. *Soluto matrimonio*, Pomponius suppose l'hypothèse d'une fille qui a reçu une dot provenant du père, *a patre profectam*, et qui meurt en captivité ; le jurisconsulte décide, que bien qu'à l'époque de son décès elle ne fût plus *in potestate patris*, néanmoins la dot doit faire retour au père qui l'avait constituée ; « *si ab hostibus capta filia quæ nupta erat, et dotem a patre profectam habebat, ibi decesserit : puto dicendum, perinde observanda omnia ac si nupta decessisset : ut etiamsi in potestate non fuerit patris, dos ab eo profecta reverti ad eum debeat* ». Dans la loi 59, au même titre, c'est le jurisconsulte Julien qui suppose l'hypothèse où une fille émancipée étant malade, son mari lui a fait signifier le libelle du divorce, afin de rendre la dot aux héritiers de cette fille plutôt qu'au père, et il rapporte le sentiment de Sabinus et de Gaius, qui décidaient qu'une action utile devait être donnée au père ;

« *filiæ meæ emancipatæ et ægræ, vir in hoc repudium mi-*
sit, ut mortua ea dotem potius heredibus ejus quam mihi
redderet. Sabinus dicebat utile mihi ejus dotis recupe-
randæ judicium dandum esse. Gaius idem ». Enfin, dans
la loi 5, **D.** *De divortiis,* Ulpien suppose le cas où une
fille émancipée a divorcé, afin de faire perdre à son père
la dot profectice qu'elle veut faire gagner à son mari.
Le jurisconsulte décide que le préteur doit venir au secours du père, et qu'il faut permettre à ce dernier de
réclamer la dot comme si sa fille était morte *durante*
matrimonio ; « *si filia emancipata idcirco diverterat, ut*
maritum lucro dotis adficiat, patrem fraudet, qui pro-
fectitium dotem potuit petere, si constante matrimonio
decessisset, ideo patri succurrendum est ne dotem per-
dat; non enim minus patri quam marito succurrere Præ-
torem oportet. Danda igitur est ei dotis exactio atque si
constante matrimonio decessisset filia ».

La distinction entre la dot profectice et la dot adventice n'était pas sans intérêt. En effet, la dot profectice
faisait retour au père ou à l'aïeul paternel constituant,
si la fille dotée mourait pendant le mariage. La dot adventice, au contraire, restait au mari ; elle ne pouvait
faire retour au constituant. Toutefois, ce dernier pouvait stipuler qu'elle lui serait rendue ; et lorsqu'une
pareille stipulation avait été faite, la dot s'appelait *recep-*
tice. «*Mortua in matrimonio muliere,* dit toujours Ulpien,
dos a patre profecta ad patrem revertitur ....
Adventitia autem dos semper penes maritum remanet,
præterquam si is qui dedit, ut sibi redderetur stipulatus

fait : quœ dos specialiter RECEPTITIA *dicitur* ». (*Lib. Reg.*, T. IV, *De dotibus.*)

C'est dans le retour de la dot profectice que nous trouvons la première origine du retour légal, qui fait l'objet de notre matière. Si l'on recherche les motifs de son introduction dans la législation romaine, on en rencontre un premier dans un texte du jurisconsulte Pomponius. Ce texte bien connu est la loi *Jure succursum*, D. *De jure dotium*, où le jurisconsulte dit : « *Jure succursum est patri, ut filia amissa solatii loco cederet, si redderetur ei dos ab ipso profecta : ne et filiœ amissœ et pecuniœ damnum sentiret* ». Ainsi la loi, désireuse de venir au secours du père attristé de la mort de sa fille, veut qu'il reprenne la dot qu'il lui a constituée, afin qu'il ne souffre point la double perte et de son enfant et de cette dot. La loi, dans la pensée du jurisconsulte, semblerait vouloir, par ce moyen, apporter une consolation au chagrin du père ; singulière consolation en présence de la douleur la plus amère ! Nous trouvons un second motif de l'introduction de ce droit de retour, dans une constitution des empereurs Théodose et Valentinien qui forme la loi 2, C. *De bonis quœ liberis*. Il ne faut pas, disent ces empereurs, que les libéralités du père soient entravées par la crainte, pour ce dernier, de voir les biens par lui donnés passer en des mains étrangères. « *Prospiciendum est, ne hac injecta formidine, parentum circa liberos munificentia retardetur* ». Ce deuxième motif est, sans contredit, bien supérieur au premier.

Nous avons dit plus haut que les personnes qui jouissaient du droit de retour étaient le père et l'aïeul paternel. La mère, l'aïeule paternelle et les ascendants maternels n'en jouissaient pas; il en était de même des étrangers. Pour que ces personnes pussent redevenir propriétaires de la chose donnée en dot, il fallait une stipulation particulière obligeant le mari à la restituer, à en retransférer la propriété. « *Dos adventitia penes maritum remanet præterquam si is qui dedit, ut sibi redderetur stipulatus fuit* ».

Ici se présente une question : lorsqu'un aïeul paternel avait constitué une dot à sa petite-fille, et que celle-ci venait à décéder après l'aïeul, le père pouvait-il exercer le droit de retour? Cette question, posée dans deux textes, est résolue en sens opposé par deux auteurs de la même école : Labéon et Celse. Le premier de ces textes forme la loi 79, *pp°*, D. *De jure dotium* : « *Avus neptis nomine filiæ natæ genero dotem dedit et moritur : negat Servius, dotem ad patrem reverti : et ego cum Servio sentio, quia non potest videri ab eo profecta, quia nihil ex his sui habuisset* ». Dans ce fragment, Labéon refuse le retour au père en se rangeant au sentiment de Servius. Le second texte forme la loi 6, D. *De collatione*, il est ainsi conçu : « *Dotem quam dedit avus paternus, an post mortem avi mortua in matrimonio filia, patri reddi oportet, quæritur? Occurrit æquitas rei, ut quod pater meus propter me filiæ meæ nomine dedit, proinde sit, atque ipse dederim : quippe officium avi circa neptem ex officio patris erga filium pendet, et quia pater filiæ, ideo avus propter filium nepti dotem dare debet* ». Ainsi qu'on le voit, Celse n'hésite pas dans cette loi à accorder au père le droit de retour. Y a-t-il divergence entre ces deux textes ? De prime abord on peut être tenté de le croire ; cependant, si on les rapproche avec soin, on voit que les deux hypothèses ne sont pas identiques. Dans celle de la loi 6, l'aïeul a doté en contemplation de son fils, et en quelque sorte à sa décharge ; car nous savons que la constitution de Sévère et Antonin donnait action contre le père, afin de le contraindre à fournir une dot. Dans celle de la loi 79, au contraire, l'aïeul a doté purement et simplement sans s'inquiéter de son fils ; dès lors, la dot n'a pas été constituée, en quelque sorte pour le compte et à la décharge de ce dernier ; en conséquence, elle ne peut lui faire retour.

Le droit de retour fut longtemps limité à la dot ; ce ne fut qu'en 428 qu'il fut étendu par les empereurs Théodose et Valentinien, encore ne le fut-il qu'à la donation *ante nuptias*, et cela *jure potestatis* : « *nullus ad id quoque pertinere existimet*, disent ces empereurs dans la loi 2, C. *De bonis quæ liberis : quod ab ipso parente datum vel dotis, vel ante nuptias donationis causa, pro una ex memoratis personis præstitum fuerat, ut minime ad eum, si casus tulerit, revertatur* ». Et ils appuient leur décision sur le second motif que nous avons indiqué plus haut : « *Ne parentum circa liberos munificentia retardetur* ».

Dans sa Novelle xxv, l'empereur Léon alla plus loin ; il étendit ce droit à toutes les donations faites par le père à son enfant, pourvu que ce dernier fût décédé sans postérité ; mais il le refusa à la mère et aux étrangers. Pour pouvoir l'exercer, ces derniers étaient obligés de le stipuler : « *Si filius liberis orbetur*, dit le texte de cette Novelle, *donum quod illi a patre processerit, ad donatorem oportere reverti, quod vero aut a matre, aut ab extraneo quopiam donatum filius habet, non item, nisi reverti debere id donatores pacto complexi sint* ». Si nous en croyons Léon, cette extension du retour ne serait pas une innovation de sa part ; il n'aurait fait que raviver d'anciennes lois ; en effet, il nous dit : « *Nos itaque pristinam legum hac de re authoritatem renovantes* ». En présence de ce texte, Furgole a pensé que Justinien avait laissé ces lois de côté, et renfermé le droit de retour dans les limites de la constitution de Théodose et Valentinien. Certains interprètes, dont parle Domat dans ses *Lois civiles*, sont même allés plus loin ; ils ont cru que Justinien avait supprimé le retour par sa Novelle cxviii, en appelant les ascendants à la succession des descendants selon l'ordre de leur proximité, et cela sans rappeler le droit de retour antérieurement consacré à leur profit. Mais Domat combat à juste titre cette opinion ; il s'exprime ainsi :

« On peut dire que les termes de la Novelle de Jus-
» tinien ne sauraient avoir cet effet, car, ce droit de
» retour, si expressément établi par diverses lois, et si
» plein d'équité qu'il est comme du droit naturel, n'a
» pu être aboli par une loi qui n'en parle point. Ainsi,
» Justinien n'ayant pas expressément aboli ce droit par

» cette Novelle, il doit subsister suivant cette règle de
» l'interprétation des lois, qui veut que l'on concilie les
» lois anciennes avec les nouvelles, les interprétant les
» unes par les autres, et leur donnant à toutes le juste
» effet que demande leur intention, en tout ce qu'elles
» n'ont pas de contraire entre elles et en ce que les
» dernières n'ont pas abrogé. Mais si cette règle com-
» prend même les lois arbitraires, elle doit, à plus forte
» raison, s'entendre des lois dont l'équité naturelle est
» le fondement, et surtout de celles qui, comme cette
» loi du droit de retour aux ascendants, ont pour prin-
» cipe des vérités qu'on ne saurait contester sans une
» espèce d'inhumanité. — Si on examine donc cette
» Novelle cxviii selon cette règle, on n'y verra rien qui
» oblige à penser que Justinien ait voulu abolir le droit
» de retour ». (*Lois civiles*, Tom. iii, Tit. ii, Sect. iii.)
Ajoutons à cela, qu'il n'est pas étonnant que Justinien
n'ait pas parlé du droit de retour dans sa Novelle,
attendu que ce droit ne constituait pas un droit de succession, et que dès lors, réglant les successions, il n'a-
vait pas à s'en occuper.

Si l'on se demande sur quelles choses pouvait porter le
retour, on voit qu'il pouvait s'appliquer aux meubles et
aux immeubles. En effet, nous trouvons dans les textes
les mots *dos, donatio ante nuptias*, employés d'une manière générale, sans distinction aucune relativement à
la nature des biens qui pouvaient les composer. Du
reste, la loi 6, *De jure dotium*, parle d'argent : *Ne filiæ
amissæ et pecuniæ damnum sentiret*. Quant aux effets

de ce droit, nous avons des données très-incertaines; cependant, nous croyons qu'il cons.....it à anéantir les aliénations totales ou partielles, ainsi que les hypothèques consenties sur les biens donnés. En effet, on est autorisé à dire que ce droit reposait sur une stipulation tacite et légale ; cela résulte d'abord du § 13, *in fine*, de la loi unique au Code, *De rei uxoriæ*. Dans ce texte, Justinien décide, entre autres choses, que si des étrangers (et il met de ce nombre tous ceux autres que le père et les ascendants *per virilem sexum*, ayant *in potestate* la fille dotée) n'ont pas eu soin de stipuler le retour de la dot qu'ils ont constituée, ils ne pourront y prétendre après le mariage dissous ; et à la fin de ce paragraphe, l'empereur a soin de dire, à propos du retour légal du père, qu'il repose sur une stipulation tacite : « *Parenti enim* TACITA EX STIPULATIONE *actionem damus* ». Dans la loi 12, C. *Communia utriusque judicii*, nous retrouvons encore la même idée : « *Illud æquitatis fovere rationibus*, dit Justinien dans ce texte, *bene nobis apparuit : si quis etenim pro filio suo ante nuptias donationem conscripserit, vel dederit, vel pro filia sua dotem, et hoc quod dedit, iterum ad eum revertatur,* VEL STIPULATIONE, VEL LEGE HOC FACIENTE ». Il paraît donc bien certain que le droit de retour était fondé sur une stipulation tacite, laquelle était placée sur la même ligne que la stipulation expresse. Dès lors, elle devait produire le même effet que cette dernière, c'est-à-dire résoudre les aliénations de la chose donnée, anéantir les hypothèques consenties sur elle. Du reste, on sait que les hypothèques consenties sur la dot étaient considérées comme nulles et non avenues par la loi *Julia*, et que les aliénations furent prohibées par Justinien.

§ II.

Jurisprudence des pays de droit écrit.

Dans les pays de droit écrit, nous retrouvons le droit de retour, mais avec des modifications profondes. Nous savons, en effet, que le droit romain ne l'accordait qu'au père et à l'aïeul paternel ; la jurisprudence méridionale, au contraire, était en général beaucoup plus large. Ainsi, le Parlement de Toulouse et celui de Provence n'hésitaient pas à l'accorder à la mère, à l'aïeule paternelle et aux ascendants maternels. Un arrêt du Parlement de Bordeaux du 18 juillet 1613, donna une solution analogue, qui fut reproduite par un autre arrêt du même Parlement rendu en 1620. Quant aux collatéraux, ils étaient exclus, excepté cependant dans le Parlement de Toulouse, qui l'accordait aux frères, sœurs, oncles et tantes *du sang, et non par alliance*. Il se fondait, dit Bretonnier (*Rec. des pp^{ales} quest. de droit*, v° RETOUR), sur l'expression *parentum* de la loi 2, C. *De bonis quæ liberis*. Et pourtant, il était facile de reconnaître que cette expression ne devait s'entendre que des ascendants, puisque le commencement du texte emploie les mots *filios* et *nepotes* qui ne conviennent qu'à la ligne directe.

Au milieu de cet abandon varié du principe romain, le Parlement de Grenoble avait cependant su s'en montrer fidèle observateur; il appliquait le droit de la Novelle xxv ; et si l'on en croit Bretonnier sur Henrys, (Quest. xxx, Chap. v, Liv. viii), il semblait se faire honneur de conserver ainsi les anciennes traditions. Quant aux étrangers, ils n'étaient admis dans aucun Parlement, à prétendre au retour, à moins qu'ils n'eussent eu soin de faire une stipulation à cet égard.

La jurisprudence méridionale était encore en désaccord sur diverses questions, dont l'importance nous défend de passer outre sans en dire un mot.

Et d'abord, on parvint généralement à s'entendre pour décider, que le droit de retour ne s'ouvrait pas si la fille dotée décédait laissant des enfants. Cependant, ce ne fut pas sans discussion ; ainsi, Ricard (*Traité des Donations entre vifs et testamentaires*, Partie iii, Chap. vii, Sect. iv) nous dit : « Cela a formé une » grande contestation dans l'École, les uns suivant » l'opinion de Martin, qui estimait que le retour n'avait » lieu que quand le donataire était décédé sans enfants, » les autres tenant, avec Bulgare, que la considération » des enfants n'empêchait pas le retour ». Toutefois, ajoute Ricard, « la première opinion a prévalu dans l'u- » sage par une espèce d'équité». Mais, si l'on était arrivé à se mettre d'accord sur cette question, la controverse était très-vive sur celle de savoir si, ces enfants décédant après leur mère, le droit de retour n'existait pas au profit de l'aïeul, à l'encontre et à l'exclusion du père desdits enfants. Le Parlement de Toulouse se prononçait en faveur de l'aïeul; toutefois, dit Chabot, il faisait exception à l'égard des coutumes locales, où le mari gagnait la dot constituée à la femme par contrat de mariage. Bretonnier rapporte même (*loco citato*) que les derniers arrêts de ce Parlement allaient jusqu'à juger que le droit de retour avait lieu au profit de l'aïeul par le prédécès de quelques-uns des enfants du donataire et pour la portion des enfants prédécédés, à la charge néanmoins, par l'aïeul, de conserver aux autres enfants survivants les biens donnés, et cela par une espèce de fidéicommis légal. Le Parlement de Bordeaux jugeait tantôt en faveur de l'aïeul, tantôt contre lui. Celui d'Aix le repoussait; celui de Grenoble, n'ayant pas sur ce point une jurisprudence plus fixe que celui de Bordeaux, l'admit et le repoussa successivement. Quant à la ville de Marseille, elle trouva le moyen de tout concilier, en admettant l'aïeul et le père à partager par moitié.

Nous savons que dans le dernier état du droit romain, l'exercice du droit de retour était subordonné à la condition que le donataire serait décédé sans postérité : *Si filius liberis orbetur*, dit en effet la Novelle de l'empereur Léon. Nous savons également, d'après ce que nous venons de dire plus haut, qu'on était parvenu à se mettre généralement d'accord, pour donner la même solution dans les pays de droit écrit; mais, de quelle postérité s'agissait-il? Une postérité issue d'un mariage autre que celui en faveur duquel la libéralité avait été faite, était-elle un obstacle au retour? Le Parlement de Toulouse, par arrêt du 5 juillet 1632, rapporté par d'Olive, Liv. iii, Chap. xxvii, décida la négative, et admit l'aïeul à exercer le droit de retour ; mais cette décision était contraire au principe généralement admis. En effet, il était naturel de supposer que la volonté présumée du donateur avait confondu dans une même affection, le donataire et ses enfants quels qu'ils fussent ; aussi, le même Parlement de Toulouse donna-t-il une solution contraire, dans un autre arrêt rapporté par Catellan, Liv. v, Chap. viii.

On agitait encore la question de savoir si le père naturel ne jouissait du retour qu'autant qu'il avait eu soin de le stipuler en dotant sa fille illégitime. Ferrière et Despeisses exigeaient une stipulation ; ils se fondaient, entre autres motifs, d'une part, sur ce que le père naturel n'était nullement obligé de fournir une dot à sa fille illégitime, et, d'autre part, sur ce que le droit de retour était une conséquence de la puissance paternelle. Renusson (*Traité des Propres*, Chap. ii, Sect. xix, n° 15), cite un arrêt du 15 septembre 1585, qui refuse le droit de retour au père naturel. Mais Bretonnier et Henrys étaient d'avis contraire. Selon Bretonnier sur Henrys, (*Quest.* xxx, Chap. v, Liv. iv), c'était à la qualité de père que devait se rattacher le droit de réversion, et non à la puissance paternelle. Il invoquait, à l'appui de son opinion, le passage de la loi 5, § 11, D. *De jure dotium*, qui dit : « *Non jus potestatis sed parentis nomen dotem profectitiam facit* ». Quant à Henrys, il soutenait que les deux motifs que nous avons signalés plus haut, relativement à l'introduction du droit de retour dans la législation romaine, militent aussi bien en faveur du père naturel que du père légitime.

Tout ce que nous avons dit jusqu'à présent se rapporte non-seulement à la dot, mais encore aux autres donations. Ainsi, pour ces dernières, le Parlement de Grenoble refusait le retour à la mère, tandis que les Parlements de Bordeaux et d'Aix le lui accordaient, ainsi qu'aux ascendants maternels et à l'aïeule paternelle. Quant au Parlement de Toulouse, toujours exagéré dans ses mesures d'indulgence, il l'accordait aux collatéraux dont nous avons parlé plus haut, c'est-à-dire aux frères, sœurs, oncles et tantes *du sang, et non par alliance.*

Quels.étaient les effets du retour légal ? en d'autres termes, quel était le sort des aliénations et des hypothèques consenties par le donataire, si le retour venait à s'ouvrir ?

Nous savons que ce droit est fondé sur une stipulation tacite, « *Parenti enim ex tacita stipulatione actionem damus* », dit le § 13 *in fine* de la loi unique au Code, *De rei uxoriæ,* que nous avons déjà cité plus haut. Le Parlement de Toulouse et celui de Bordeaux, s'attachant à ce principe, faisaient rentrer aux mains du donateur, les biens donnés francs et quittes de toutes hypothèques consenties par le donataire. Toutefois, dit Bretonnier, (*Quest. de Droit,* vᵒ Retour), « ce retour avait lieu à la
» réserve de la dot, augment, bagues et joyaux de la
» femme du donataire, à laquelle ils (les Parlements de
» Toulouse et de Bordeaux) donnent une hypothèque

» subsidiaire sur les biens donués, à défaut des autres
» biens du donataire ».Quant aux aliénations,elles étaient
résolues sans distinction aucune; peu importait qu'elles
fussent à titre onéreux ou à titre gratuit. Le Parlement
de Grenoble résolvait également les aliénations, et faisait
revenir les biens aux mains du donateur, francs et quittes
de toutes charges. Quant au Parlement de Provence, il
faisait une distinction entre les aliénations à titre onéreux et les dispositions à titre gratuit. Il faisait fléchir
le droit de retour devant les premières, et le faisait
triompher devant les secondes. En ce qui touche les
hypothèques, il avait une jurisprudence particulière :
« Il donne, dit Bretonnier (*loco citato*), non-seulement
» à la femme, mais aux autres créanciers du donataire,
» une hypothèque subsidiaire sur ce genre de biens ;
» mais l'on distingue entre les créanciers antérieurs ou
» postérieurs à la donation. On refuse aux premiers
» l'hypothèque subsidiaire sur les biens donnés, parce
» qu'ils n'ont pas contracté sur la foi de ces biens,
» mais on l'accorde aux autres, parce qu'en contractant
» ils ont eu en vue les biens compris dans la donation ».
Enfin, dans les pays de droit écrit du ressort du Parlement de Paris, toute aliénation faite, à quelque titre que
ce fût par le donataire, était respectée; il en était de
même des hypothèques qu'il aurait pu consentir sur les
biens donnés. Dans son *Répertoire*, vº *Réversion*, Merlin
rapporte que des auteurs ont soutenu que ce Parlement
avait statué en sens contraire ; mais il ajoute que ce
point peut être contesté.

Il pouvait arriver que le donateur intervînt à l'acte d'aliénation ou de constitution d'hypothèque, et renonçât à son droit de réversion en faveur de l'acquéreur ou du créancier. Cette renonciation devait-elle produire son effet? Duperrier enseignait l'affirmative ; il rapporte un arrêt rendu en ce sens en 1640, sur une espèce dans laquelle il s'agissait d'une aïeule qui, ayant doté sa fille, avait consenti à une donation à cause de mort faite par cette dernière à ses enfants et après eux à son mari. Arnaud de la Rouvière, dans son *Traité du Droit de retour*, partage ce sentiment, qui du reste était conforme au principe de la jurisprudence méridionale.

Passons maintenant à l'examen de la jurisprudence des pays contumiers.

§ III.

Jurisprudence des pays de coutumes.

Dans notre France coutumière, le droit de retour se montra pour la première fois dans un arrêt rendu sous saint Louis, que Merlin cite dans son *Répertoire*, v° *Réversion*. Ce jurisconsulte rapporte également le passage suivant de la *Conférence des Coutumes*, où il est dit : « Par arrêt donné à la Pentecôte, en 1268, a été jugé » que quand les enfants décèdent sans hoirs procréés » de mariage, le don retourne aux donneurs et non aux » prochains héritiers des donataires ».

En 1283, Beaumanoir, parlant du retour (Chap. ıv),

s'exprime ainsi : « Male chose seroit que le père et la
» mère perdissent leur enfant et le leur..... et plus
» légièrement en doivent être le père et la mère con-
» seillés de donner à leurs enfants. »

Postérieurement à cette époque, le droit de retour
tombe dans l'oubli, et il y reste plongé jusqu'à la rédaction des coutumes. Il ne reparaît pour la première fois
que dans la très-ancienne coutume de Lorris-Orléans,
dont l'article 248 porte : « Quand père et mère,
» ayeul ou ayeule, ou l'un d'eulx donnent aucune
» chose en traicté de mariage à leurs enfants, ou
» aucuns d'eulx pour estre leur propre héritage, et
» le donataire va de vie à trespas sans héritiers en
» droicte ligne, délaissant père, mère, ayeul ou ayeule,
» ou des frères et autres parents en ligne collaté-
» rale, à iceulx parents en ligne directe retourneront
» les héritages par eulx donnez audit défunct et en
» leur défault aux plus prochains. » La coutume de
Vitry-le-Français, rédigée en 1509, l'admit dans son
article 81 ; la coutume de Bourbonnais, rédigée en
1521, le proclama dans son article 314 ; la coutume
de Lorris-Montargis, dont la rédaction date de 1531,
lui accorda une place dans l'article 9 de son chapitre
des Successions. Sous ce dernier article, nous trouvons, dans le *Nouveau Coutumier général* de Bourdot
de Richebourg, une note de Dumoulin qui ne cessait
de protester contre l'oubli d'une instititution aussi équi-
table : « *Hoc justum et generaliter observandum*, dit-il,
» *et quamvis in quibusdam consuetudinibus contrarium*

« *reperiatur, hoc errore irrepsit et corrigendum est* ».
Les protestations du grand jurisconsulte furent écou-
tées ; car, vers la fin du seizième siècle, le retour était
généralement admis. Ainsi, il fut accueilli en 1534,
par la coutume de Nivernais, Chap. xxix, art. 9 ; en
1539, par celle de Berry, Tit. xix, art. 5 ; en 1556, par
celle de Laon, art. 109 ; en 1558, par celle du Grand-
Perche, art. 156 ; en 1559, par celle de Touraine,
art. 311 ; en la même année 1559, par celle de Poitou,
art. 275 ; en 1561, par celle d'Auxerre, art. 241 ; en
1574, par celle du Cambrésis, Tit. Ier, art. 79 ; en 1580,
par celle de Paris, art. 313 ; en 1583, par celle de Ca-
lais, art. 104 ; en 1619, par celle de Valenciennes,
art. 108 et 109... etc.... Il va de soi que la coutume
d'Orléans, qui l'avait accepté dans sa première rédaction, ne devait pas le rejeter lors de celle qu'elle subit
en 1583 ; aussi l'y retrouvons-nous dans l'art. 315.
Quant à la coutume de Normandie, elle ne l'admit pas ;
son art. 241 est ainsi conçu : « Père, mère, ayeul et
» ayeule ou autres ascendants, tant qu'il n'y a aucun
» descendu de lui vivant, ne peut succéder. » En
présence de ce texte, il serait difficile de soutenir
le contraire, et cela encore bien moins en présence d'un
arrêt de la Grande Chambre du Parlement de Normandie, rendu le 14 août 1657, arrêt qui exige une stipulation expresse de retour.

Quelles étaient les personnes qui jouissaient du droit
de retour ? La généralité des coutumes l'accordaient au
père, à la mère et aux autres ascendants. Cependant,

quelques-unes d'entre elles faisaient une rare exception
à cette règle; ainsi, la coutume d'Auxerre, dans son
article 242, se montra aussi indulgente que le Parlement
de Toulouse, en étendant ce droit aux collatéraux. La
coutume de Valenciennes, violant les vrais principes,
alla jusqu'à l'accorder au donateur étranger et à ses héritiers.

Comme dans les pays de droit écrit, on se demandait,
lorsqu'un aïeul avait fait une donation à son petit-fils
qui venait à décéder, si le père de ce dernier devait
exclure l'aïeul? Renusson (*Traité des Propres*, Chap. ii,
Sect. xix, n° 20) nous dit que le retour étant favorable au donateur, il devait avoir lieu en faveur de
l'aïeul, sans distinction aucune entre les choses mobi-
lières et immobilières. Il appuie sa solution sur le motif
que nous connaissons : *Ne parentum circa liberos munificentia retardetur*. De même on décidait qu'il y avait
lieu au retour en faveur de l'aïeul lorsqu'il survivait à la
postérité du donataire. Renusson (*loco citato*, n° 21) cite
à l'appui de cette opinion plusieurs arrêts, notamment
un arrêt du Parlement de Paris, du 29 janvier 1602,
et un autre du même Parlement, du 12 juillet 1625,
rendu *consultis classibus*. Dans son *Commentaire sur la
Coutume d'Orléans*, Pothier nous dit en note, sous l'article 313, que la jurisprudence était arrivée à accorder à
l'ascendant ce droit de retour dans la succession des
descendants du donataire. Toutefois, Lebrun n'est pas
aussi affirmatif sur ce point, car il nous dit que c'était
là une des grandes questions de la matière (*Traité des*

Successions, Liv. i^{er}, Chap. v, Sect. ii, n° 32). Enfin, on admettait que la postérité issue d'un premier mariage faisait obstacle au retour, quand bien même il n'y aurait pas eu d'enfants issus de celui en faveur duquel la donation avait été faite. (Lebrun, *loco citato*, n°* 26 et 27.)

Dans les pays de coutumes, le retour prit un caractère tout différent de celui qu'il avait dans les pays de droit écrit. En effet, ce n'était pas à titre de révocation, mais à titre de succession, que la jurisprudence coutumière appelait l'ascendant à reprendre les biens donnés. Ce point est présenté comme constant par les anciens auteurs. Ricard, qui partage ce sentiment comme les autres, cite à l'appui un arrêt rendu en la première Chambre des Enquêtes du Parlement de Paris, le 5 janvier 1630, arrêt qui décide que l'aïeule maternelle doit *succéder*, à l'exclusion des oncles, à la terre par elle donnée à sa petite-fille décédée sans enfants. (*Traité des Donations entre-vifs et testamentaires*, Part. iii, Chap. vii, Sect. iii). Au reste, les coutumes de Paris et d'Orléans s'expriment en termes catégoriques; elles disent l'une et l'autre : « *succèdent ès choses par eux données* ». De prime abord, il semble que cette disposition des coutumes soit en contradiction avec la règle *propre ne remonte;* mais il n'en est rien, car cette règle n'avait pour objet que d'écarter les ascendants des immeubles provenus d'une ligne autre que la leur ; *ne labantur in diversam lineam*, comme disait Dumoulin.

Comme conséquence du principe que c'était à titre

d'héritier que l'ascendant reprenait les biens donnés, il s'ensuivait :

1° Qu'il devait respecter les aliénations et les disposi-tions entre-vifs ou testamentaires faites par le donataire; c'était ce que décidait Lebrun. (Liv. 1er, Chap. v, Sect. II, n° 67.) « On ne doute pas à présent, dit Ricard (*loco ci-* » *tato*), que le fils donataire de son père ne puisse » vendre, aliéner, donner ou autrement engager les » biens qui lui ont été donnés, même au préjudice de » son père ». Et il cite, à l'appui de ce qu'il dit, trois arrêts rendus par le Parlement de Paris, le premier en la Chambre des Enquêtes, le 29 avril 1606; le second et le troisième en la Grande Chambre, les 16 février 1615 et 18 juillet 1647.

2° Qu'il devait payer les dettes *ultra vires*, à moins qu'il n'eût accepté bénéficiairement la succession; Fer-rière soutenait cependant le contraire; selon lui, l'as-cendant n'étant qu'un successeur *in re singulari*, ne devait être tenu que *pro modo emolumenti*.

Si l'on recherche quels biens pouvaient faire l'objet du droit de retour, on rencontre dans les coutumes une variété d'expressions qui dénote certaines différences. Les unes disent : *propres conventionnels;* les autres : *biens donnés;* celles-ci : *héritages donnés;* celles-là : *choses données.* Ces termes indiquent suffisamment que le retour s'appliquait aux immeubles; mais *quid* des meubles? Ce point était controversé par les auteurs. Renusson (*Traité des Propres*, Chap. II, Sect. xix, n° 20) admettait le retour pour les meubles aussi bien que pour les immeubles. Lebrun (Liv. Ier, Chap. v, Sect. II, n° 48) nous fait voir que cette opinion avait un certain crédit. Mais Pothier, dans son *Commentaire sur la Coutume d'Orléans*, sous l'article 313, à propos des mots *choses données*, nous dit qu'ils ne doivent s'entendre que des choses immobilières. Pour le décider ainsi, il remarque que cet article se rattache à l'article 312 par le mot *toutefois*, et que dans cet article 312, il ne s'agit que d'une succession de propres, laquelle ne peut s'appliquer qu'à des choses immobilières. Il fait en outre observer, que cette solution doit d'autant plus être acceptée, que l'article 248 de l'ancienne coutume contenait ces mots : *donnent aucunes choses à leurs enfants pour estre leur propre héritage.*

Nous devons enfin observer, que le bien donné devait se retrouver *en nature* dans la succession du donataire, et qu'il fallait, de plus, qu'il y eût conservé sa qualité de bien donné. Si donc, après avoir été aliéné, il était rentré dans le patrimoine du donataire par suite d'une acquisition nouvelle, soit à titre onéreux, soit à titre gratuit, le retour ne pouvait avoir lieu. Lebrun rapportant une opinion qui s'était formée au Palais, à propos du retour des meubles, nous dit que ceux qui la partageaient exigeaient que ces meubles se retrouvassent *en nature* pour que le retour pût avoir lieu. Ainsi, dans cette opinion, lorsque le père ou l'aïeul avait promis de l'argent et qu'il ne l'avait pas payé, le retour devait avoir lieu ; si, au contraire, il l'avait payé, le retour était impossible. (Liv. Ier, Chap. v, Sect. II, n° 48.)

§ IV.

Du droit de retour sous l'empire du droit intermédiaire.

Dans cette période de notre droit, nous rencontrons d'abord la loi du 5 brumaire an II (26 octobre 1793), qui contient quelques dispositions sur les successions. Elle ne porta aucune atteinte au retour légal dans le passé, (Conf. Req. 24 août 1824); mais l'abolit-elle pour l'avenir? La Cour de Toulouse a jugé l'affirmative, par arrêt du 19 novembre 1819; « Attendu, dit l'arrêt, que le » droit de retour soit légal, soit conventionnel, a été » aboli par la loi du 5 brumaire, qui n'accordait aux as » cendants aucun droit de succéder, et qui introdui » sait l'égalité de partage pour les successions collaté » rales, comme la loi du 7 mars 1793 l'avait introduite » pour les successions en ligne directe; que la loi du » 17 nivôse an II, modifiant celle du 5 brumaire, en » réservant aux ascendants le droit de succéder, réta » blit (art. 74) l'exercice du droit de retour légal, et se » borna à maintenir par son silence, l'abolition qui ré » sultait déjà de la loi du 5 brumaire ».

Après cette loi survient celle des 17-21 nivôse an II (6-10 janvier 1793), qui proscrit implicitement le retour légal par son article 74 ainsi conçu : « Les biens donnés » par les ascendants à leurs descendants *avec stipula* » *de retour*, ne sont pas compris dans les règles ci-des » sus; ils ne font pas partie de la succession du descen » dant tant qu'il y a lieu au droit de retour ». Ainsi, sous

l'empire de cette loi, plus de retour légal ; le retour conventionnel seul peut avoir lieu. Atteignit-elle les donations antérieures à la loi du 5 brumaire ? Non ; ces
donations restèrent régies par l'ancienne législation,
(Conf. Req. 24 août 1824). Du reste, aucun doute ne peut
s'élever à cet égard, en présence de la loi du 23 ventôse
an ii (13 mars 1794), où il est dit : « Il n'est rien innové
» par l'article 74 du décret du 17 nivôse, à l'égard des
» donations antérieures au 5 brumaire, aux effets du
» retour légal dans les pays et pour les cas où ce droit
» avait lieu ».

Nous arrivons au Code civil. Dans le premier projet
présenté par Cambacérès à la Convention nationale, dans
la séance du 9 août 1793, on se borne à reproduire littéralement l'art. 74 de la loi de nivôse. Dans le deuxième,
également présenté à la Convention nationale par le
même Cambacérès, dans la séance du 23 fructidor
an ii (9 septembre 1794), il n'est même plus question
du retour conventionnel réservé par la loi de nivôse ;
cela se comprend, du reste, en présence du laconisme
désespérant de ce projet. Dans le troisième projet, présenté encore par Cambacérès au Conseil des Cinq-Cents,
en messidor an iv, il n'est pas davantage question du
retour légal au titre viii, qui règle la matière des Successions ; mais nous voyons dans l'article 557, au titre des
Donations, réapparaître le retour conventionnel avec faculté de le stipuler, même pour les descendants du donateur. Dans un quatrième projet présenté par Jacqueminot
à la Commission législative du Conseil des Cinq-Cents,

dans la séance du 30 frimaire an viii (21 décembre 1799), il n'est pas non plus question du retour légal au titre des Successions ; mais, au titre des Donations, article 44, on admet le retour conventionnel en faveur du donateur seul. Enfin, arrive le projet rédigé par la commission nommée par l'arrêté du 24 thermidor an viii, lequel, pas plus que les précédents, ne s'occupe du retour légal. Cette institution était-elle destinée à disparaître de notre droit? Non. Pendant que les tribunaux d'Aix, de Bordeaux, de Grenoble gardaient le silence, ceux de Toulouse et de Montpellier réclamaient en faveur du retour. « Il est injuste, dit le tribunal de Toulouse » dans ses observations, que les ascendants se voient » exclus, par des collatéraux, de rentrer même dans les » biens dont ils s'étaient dépouillés en faveur de leur » descendant prédécédé ». (Fenet. t. v, p. 578). » On » ne voit pas, dit le tribunal de Montpellier, pourquoi » l'ascendant qui a eu le malheur de survivre à l'enfant » à qui il avait déjà remis le dépôt de sa fortune, sera » privé de la faible consolation de reprendre ce même » dépôt, l'unique ressource de ses vieux jours. Pour- » quoi ajouter à sa douleur le sentiment pénible, de » devoir partager avec d'autres les dépouilles de son » descendant? » (Fenet, t. iv, p. 505.) Ces réclamations devaient être prises en considération, et elles le furent; car, dans le projet définitif présenté au Conseil d'État par Treilhard dans la séance du 9 nivôse an xi (30 décembre 1802), nous retrouvons le dernier paragraphe de notre article 747, formant l'article 31 du projet.

Enfin, dans l'article 37 de la rédaction définitive présentée au Conseil d'État dans la séance du 15 germinal an xi
(5 avril 1803), nous trouvons notre article 747 tel qu'il
existe aujourd'hui dans notre Code. Le législateur devait
admettre cette vieille institution du retour légal, parce
qu'elle était aussi juste que sage ; aussi l'a-t-il admise,
et cela sans rencontrer d'adversaires qui osât élever la
voix contre elle. « Les pères et mères et même les ascen-
» dants qui ne seraient pas successibles, dit le tribun
» Siméon dans son discours au Corps législatif, doivent
» reprendre les effets qu'ils avaient donnés au défunt ;
» c'est un retour légal que l'équité commande ».

Tel fut en résumé le retour sous l'empire des lois romaines, de notre ancien droit et du droit intermédiaire ;
nous allons l'étudier maintenant sous l'empire de notre
Code.

II

DE LA NATURE DU DROIT DE RETOUR.

Nous savons que dans les pays de droit écrit, le retour avait lieu avec tous les caractères d'une véritable résolution, tandis que dans les pays de coutumes, il s'opérait à titre de succession. Il est important de rechercher tout d'abord lequel de ces deux systèmes a été consacré par le Code, car la solution de cette question domine toute la matière. Pour notre compte, nous n'hésitons pas à décider que le législateur a consacré le principe de la jurisprudence coutumière, et qu'en conséquence c'est à titre successif que le retour a lieu.

Nous trouvons la preuve de notre décision dans la loi elle-même : les ascendants *succèdent* dit l'article 747, et il répète deux fois ce mot. Ils *succèdent ès choses par eux données*, disaient les Coutumes de Paris et d'Orléans. Il est vrai qu'on peut nous objecter deux dispositions de notre Code : 1° l'article 351, qui décide qu'en cas de décès de l'adopté sans descendants légitimes, les choses données par l'adoptant lui *retournent*; 2° l'article 766, qui veut qu'en cas de prédécès des père et mère de l'enfant naturel, les biens qu'il en avait reçus passent aux frères et sœurs légitimes, et que les actions en reprise s'il en existe, ou le prix de biens aliénés s'il est encore dû, leur *retournent* également. Mais cette objection ne nous paraît pas fondée ; selon nous, le mot *retourner*, dont se sert la loi dans ces textes, n'exclut pas le caractère successif. Il l'exclut si peu dans l'article 351, que dans l'article 352 nous retrouvons cette phrase : « L'adoptant » *succédera* aux choses par lui données comme il est dit » en l'article précédent.» Quant à l'article 766, sa place indique évidemment qu'il a été conçu dans le même esprit. Ajoutons à tout cela, qu'il ne faut pas s'attacher à une impropriété de langage, et en argumenter pour établir un système qui, nous ne saurions trop le répéter, serait en opposition directe avec la volonté présumée de l'ascendant donateur ; car, en faisant sa libéralité, ce dernier a certainement entendu transférer à son descendant une propriété absolue et définitive. Enfin nous devons surtout observer que l'article 747 est placé au titre des *Successions* et dans la section IV, dont la rubrique est ainsi conçue : *Des successions déférées aux ascendants.* Après cela, le doute n'est plus possible, et l'on est contraint de reconnaître que notre article organise un véritable droit de succession. (*Sic*, Cass. 17 décembre 1812 et 18 août 1818.—Riom, 12 février 1824. — Montpellier, 31 mai 1825. — Besançon, 30 juillet 1828. — Cass. 10 mars 1830. — Bordeaux, 15 avril 1831.—Chabot, art. 747, n° 15. — Duranton, tome 6, n°ˢ 223 et 227. — Vazeille, art. 747, n° 7. — Marcadé, art. 747, n° 1. — M. Bugnet, *sur Pothier*, tome 8, p. 82 (1). — *Contra*, Agen, 13 mars 1817 et 11 décembre 1827. — Benoît, *Traité de la Dot*, n° 107.

Est-ce à titre d'héritier légitime du donataire que l'ascendant succède aux biens donnés? Sur ce point encore, notre réponse est affirmative. On a cependant soutenu le contraire en prétendant, d'une part, que le texte ne donne pas à l'ascendant le titre d'héritier, et d'autre part, que le retour légal s'attache plutôt à l'origine des biens qu'au lien de parenté. A l'appui de ce motif, on cite l'article 351, qui permet aux descendants de l'adoptant, lesquels ne sont pas parents de l'adopté, de reprendre dans la succession de ce dernier décédé sans descendants légitimes, les choses données par l'adoptant ou recueillies dans sa succession. lorsqu'elles se retrouvent en nature. On invoque également l'article 766, qui accorde le retour légal aux frères et sœurs légitimes, qui ne sont rattachés par aucun lien de parenté à l'enfant naturel. Mais ces motifs ne nous paraissent pas suffisants. En effet, dans l'ancien droit, l'ascendant était considéré comme un héritier légitime, et on ne voit pas d'innovation faite sur ce point par le Code. Bien plus, la place de notre article 747, sous la rubrique que nous avons rappelée plus haut, indique

---

(1) Nous pouvons encore citer en ce sens un arrêt de cassation du 8 février 1814, qui décide que l'ascendant doit un droit proportionnel de mutation, tandis qu'il ne serait dû qu'un simple droit fixe, s'il ne s'agissait que d'un simple retour n'ayant pas le caractère de succession.

suffisamment que la loi range l'ascendant parmi les héritiers légitimes. Quant à l'élément de solution que l'on veut tirer des articles 351 et 766, il porte à faux dans l'espèce, puisque c'est à la qualité d'ascendant légitime, qualité qui entraîne une relation intime de parenté, que la loi rattache le retour successoral de l'ascendant.

Maintenant qu'il est bien constant pour nous que le droit de retour est une véritable succession, et que c'est à titre d'héritier légitime que l'ascendant succède, examinons les conséquences qui résultent de ce principe.

Première conséquence.—Durant la vie du donataire, l'ascendant ne peut ni renoncer à son droit de retour ni le vendre. En effet, d'une part, aux termes de l'article 1130, on ne peut renoncer à une succession non ouverte, ni faire aucune stipulation sur une pareille succession, même avec le consentement de celui de la succession duquel il s'agit ; d'autre part, aux termes de l'article 1600, on ne peut vendre la succession d'une personne vivante, quand bien même cette personne consentirait à une semblable vente.

Deuxième conséquence. — Nous appliquerons l'article 718. Nous ne parlerons pas de la mort civile, puisqu'elle a été abolie par la loi du 31 mai 1854, mais nous dirons que la mort naturelle du donataire sans postérité, donnera ouverture au retour successoral. De même les articles 120 et 123 devront recevoir leur application. Quant à la déclaration d'absence, elle donnera également ouverture au retour successoral des biens donnés à l'absent, comme s'il était décédé, et l'ascendant donateur pourra se faire envoyer en possession provisoire (Conf. Nancy, 31 janvier 1833). Enfin, pour prétendre au retour, l'ascendant devra présenter les qualités requises pour succéder, c'est-à-dire qu'il devra exister lors de l'ouverture de la succession et ne pas être indigne.

Troisième conséquence. — En sa qualité d'héritier légitime, l'ascendant donateur est saisi de plein droit des biens, droits et actions du défunt; d'où il suit qu'il est tenu de contribuer aux dettes de la succession. Ce point ne peut pas souffrir de discussion, surtout en présence de l'article 351, qui impose cette obligation à l'adoptant. Toutefois, il est nécessaire que nous entrions dans l'examen de quelques difficultés qui trouvent ici leur place.

Et d'abord, l'ascendant est-il tenu des dettes *pro modo emolumenti*, ou bien, au contraire, l'est-il *ultra vires ?* Pour soutenir qu'il n'est tenu que *pro modo emolumenti,* on peut invoquer dans l'ancien droit l'opinion de Ferrière, et dire : l'ascendant ne succède pas à une fraction de l'universalité des biens laissés par le *de cujus;* il est appelé à succéder *in re singulari;* or, il est de principe que les successeurs à titre particulier ne sont pas tenus des dettes; dès lors l'ascendant ne peut être tenu *ultra vires,* il ne peut l'être que *pro modo emolumenti.* Cette opinion est enseignée par MM. Aubry et Rau, tome IV, p. 450, et par M. Duranton, qui avait d'abord soutenu l'opinion contraire (*Vide* tome VI, n° 209). Mais, quelque grave que soit l'autorité qui se rattache au nom de ces auteurs, nous ne pouvons partager leur opinion. Selon nous, l'ascendant donateur doit être tenu même *ultra vires*, et cela par les motifs suivants : Dans l'ancien droit, la presque unanimité des auteurs le décidaient ainsi ; à cet égard, on peut notamment consulter Lebrun, *Traité des Successions*, Liv. Ier, Chap. V, Sect. II, n° 67. D'un autre côté, l'ascendant est un héritier légitime ; il est donc tenu des dettes dans les termes de l'article 724, qui ne s'attache qu'à la qualité d'héritier légitime, sans distinguer si l'héritier est universel ou *in re singulari*. Enfin, nous devons faire remarquer que le système contraire s'écarte des vrais principes, car, s'il se fonde sur ce que l'ascendant n'est qu'un successeur à titre particulier pour l'affranchir des dettes *ultra vires*, il devrait décider qu'il n'en est pas même tenu *pro modo emolumenti*. (Conf. Cass. 13 août 1851. —Demolombe, *Traité des Successions*, tome Ier, n° 552.)

Comment maintenant déterminer la part de l'ascendant dans les dettes ? Pour ce faire, on estimera les biens par lui recueillis, et si la valeur résultant de cette estimation représente un quart ou un tiers de la succession, il payera un quart ou un tiers des dettes.

A cet égard, pas de difficulté ; mais il n'en est plus de même si l'on demande dans quelle mesure les créanciers de la succession devront exercer leur droit de poursuite ; car ils ne peuvent être contraints de rester dans l'inaction jusqu'à ce qu'il ait plu aux héritiers de

déterminer, par une estimation, la part contributoire
de chacun d'eux. Nous croyons, pour notre part, qu'il
faut appliquer ici littéralement l'article 873, et dire que
les héritiers pourront être poursuivis chacun pour sa
part et portion virile. Nous n'entendons cependant pas
tirer un argument de ce texte, car il est certain qu'il
contient un vice de rédaction, et que le législateur n'a
voulu y parler que de la part héréditaire de chacun des
héritiers. Mais nous nous fondons sur l'ancien droit qui,
recherchant dans chaque succession la nature et l'origine des biens, attribuait les biens propres aux héritiers
aux propres, les meubles et acquêts aux héritiers aux
meubles et acquêts, et décidait en outre que chacun
pourrait être poursuivi pour sa part et portion virile.
Pourquoi n'en serait-il pas de même en matière de retour successoral, où la loi considère la nature et l'origine
des biens? Évidemment, on n'aperçoit pas de bonne
raison pour qu'il en soit autrement. Il vaut donc mieux
dire que le législateur n'a pas résolu la question, qu'il
l'a involontairement laissée sous l'empire des anciens
principes, et que, dès lors, les créanciers doivent exercer
leur action contre chacun des héritiers pour leur part et
portion virile, sauf à ces derniers à régler entre eux,
comme ils l'entendront, la part contributoire à leur
charge respective. Il est vrai qu'on peut nous objecter
que, dans certaines hypothèses, tel qui n'exercera le retour successoral que sur des biens d'une valeur minime,
pourra être contraint de payer provisoirement un chiffre
de dettes de beaucoup supérieur. Mais cette objection

ne nous touche pas, car l'ascendant actionné pourra mettre en cause ses cohéritiers, et demander et obtenir un délai pour faire liquider les droits de chacun et sa part contributoire dans les dettes. L'article 1244 n'accorde-t-il pas aux juges la faculté de prendre en considération la position du débiteur, et de lui accorder en conséquence des délais pour se libérer? En présence de cette disposition, l'objection dont il s'agit disparaît forcément (*Sic*, Duranton, tome VI, n⁰ˢ 209 et suivants, — Demolombe, *Traité des Successions*, tome V, n° 43.)

Disons, en terminant, que l'ascendant, à raison de sa qualité d'héritier, doit contribuer non-seulement au payement des dettes, mais encore à l'acquittement des legs, et cela en proportion de la valeur des biens qu'il reprend, comparée à celle des autres biens de l'hérédité. L'article 724 nous dit, en effet, que la saisine a lieu sous l'obligation d'acquitter toutes les charges de la succession. Toutefois, nous observons que nous n'entendons pas parler de legs comprenant des objets déterminés.

Quatrième conséquence. — L'ascendant donateur a la faculté d'accepter purement et simplement, ou sous bénéfice d'inventaire. Dans l'opinion de ceux qui soutiennent qu'il ne peut être tenu *ultra vires*, il n'est pas obligé de faire une acceptation bénéficiaire; il lui suffit de faire un inventaire. Mais nous avons admis plus haut l'opinion contraire; conséquemment, nous dirons que la confection d'un inventaire ne suffirait pas, qu'il faut de plus une acceptation bénéficiaire.

Cinquième conséquence. — L'ascendant ne peut reprendre les biens que dans l'état où ils se trouvent, avec les hypothèques, servitudes et autres droits réels dont le donataire les aurait grevés. C'est là, comme nous le dirons plus loin, une différence entre le retour successoral et le retour conventionnel. En ce qui touche l'hypothèque, on peut se demander si l'ascendant qui, par l'effet de cette hypothèque, a été obligé de payer une somme plus forte que sa part contributoire dans les dettes, a un recours contre les héritiers qui viennent à la succession ordinaire. Pour soutenir la négative, on a dit : L'ascendant pouvait délaisser, pourquoi ne l'a-t-il pas fait? C'est à lui à supporter les conséquences du défaut de délaissement. D'un autre côté, le donataire pouvait disposer de l'immeuble et l'en priver par une aliénation directe ; il l'a fait indirectement par la constitution d'hypothèque, de quel droit l'ascendant pourrait-il donc réclamer? Mais cette opinion ne nous paraît pas admissible. En effet, l'hypothèque ne constitue pas une aliénation partielle ; elle n'est qu'une sûreté spéciale donnée pour garantir le payement d'une dette personnelle à la charge de tous les héritiers ; partant, l'ascendant doit avoir son recours contre eux.

A côté de ce principe que nous avons posé en commençant ce chapitre, et que nous venons d'examiner, il en est un autre non moins important et non moins fécond en conséquences. Nous voulons parler de la décomposition du patrimoine du *de cujus* donataire en deux successions complétement distinctes : l'une qui forme la succession anomale, l'autre qui forme la succession ordinaire. Cette décomposition résulte de l'article 747 lui-même, quand il nous dit : « *Les ascendants succèdent à l'exclusion de tous autres aux choses par eux données* ». De ce principe, qu'on ne saurait contester, découlent les conséquences suivantes :

Première conséquence. — Puisque l'on se trouve en présence de deux successions distinctes, il ne peut jamais être question d'accroissement entre l'ascendant donateur et les héritiers venant à la succession ordinaire. En effet, ils ne sont pas cohéritiers d'une même succession, et l'accroissement n'est possible qu'à cette condition. Certainement, si la succession ordinaire n'est dévolue qu'à un seul héritier, à défaut duquel l'ascendant aurait été appelé aux deux successions, la renonciation de cet héritier aura pour effet de faire arriver l'ascendant à la succession ordinaire. Mais ce ne sera pas par droit d'accroissement, ce sera en vertu d'une vocation particulière tout à fait distincte de sa qualité d'ascendant donateur. Réciproquement, si ce dernier renonçait à la succession anomale, il ne faudrait pas croire que l'héritier ordinaire en bénéficierait par droit d'accroissement. Non, la succession anomale serait réputée n'avoir jamais existé, et les biens la composant seraient considérés comme ayant toujours fait partie de la succession ordinaire. (Conf. MM. Duranton, tome VI, nᵒˢ 208, Aubry et Rau, tome IV, page 548 ; — Demolombe, *Traité des Successions*, tome Iᵉʳ, nᵒ 485).

Deuxième conséquence. — Aux termes de l'article 857, le rapport n'est dû que par le cohéritier à son cohéritier ; ce qui s'entend d'héritiers venant à une même succession. Or, nous le savons, l'ascendant donateur et les héritiers de la succession ordinaire ne sont pas cohéritiers en ce sens, puisqu'ils sont appelés à deux successions complétement distinctes ; dès lors ils ne se doivent aucun rapport.

Toutefois, nous pouvons nous demander s'il ne serait pas possible que, dans une succession anomale, l'article 843 reçoive son application. Ainsi, supposons l'hypothèse suivante : Pierre et Paul étaient propriétaires par indivis et pour portions égales, de deux immeubles distincts dont ils ont fait donation conjointement à Jacques, leur petit-fils. Postérieurement, Jacques a fait donation à Pierre de l'un des immeubles dont il s'agit ; puis il est décédé laissant un frère appelé à la totalité de la succession, par suite du prédécès de ses père et mère. Alors on voit s'ouvrir la succession anomale, composée de l'autre immeuble, et la succession ordinaire comprenant les autres biens de Jacques. Eh bien ! Paul a-t-il le droit de demander à Pierre le rapport de l'immeuble que ce dernier a reçu ? Pour soutenir l'affirmative, on peut dire : L'ascendant donateur est héritier ; or, aux termes de l'article 843, tout héritier, même bénéficiaire, *venant à une succession*, est tenu de rapporter tout ce qu'il a reçu du défunt. Cette solution, peut-on dire, est d'autant plus admissible, que la section qui traite des *Rapports*, par la place qu'elle occupe dans le Code, s'applique à toute espèce de succession ; et cela est si vrai que l'article 843 dit : *venant à une succession,* sans distinguer quelle en est la nature. Du reste, peut-on ajouter, ce système entre dans l'esprit de la loi, car il respecte le principe d'égalité qu'elle s'est tant efforcée de faire prévaloir en matière de succession. Cependant, la négative nous paraît préférable. En effet, aux termes de l'article 747, les biens donnés ne peuvent faire l'objet de la succession anomale qu'autant qu'ils se retrouvent en nature dans la succession. C'est là, comme nous le verrons plus loin, une condition *sine quâ non* exigée par la loi ; or, dans l'espèce, l'immeuble donné ne se retrouve pas en nature, donc il ne peut faire partie de la succession anomale, donc le rapport ne peut pas avoir lieu. L'argument tiré de ces mots de l'article 843 : « *venant d'une succession* » n'a pas, selon nous, la portée qu'on veut lui donner; car la loi n'a certainement entendu parler que des successions en général, sans prévoir le cas particulier de la succession de l'ascendant donateur. Du reste, nous ne saurions trop le répéter, le texte de l'article 747 s'oppose formellement au sens général que l'on voudrait prêter à l'article 843, pour arriver à y comprendre le cas qui nous occupe. Quant à la considération tirée du principe d'égalité en matière successorale, elle doit également disparaître en présence de l'article 747, qui ne se préoccupe en aucune façon de ce principe d'égalité.

Troisième conséquence. — L'ascendant donateur étant étranger aux autres héritiers, il ne peut être question entre eux de partage ni de garantie. Toutefois, il faut observer qu'en cas d'éviction, de quelque côté qu'elle se produise, la contribution aux dettes se trouverait modifiée, et qu'alors il y aurait lieu à recours, mais uniquement pour le règlement des dettes.

Quatrième conséquence. — L'ascendant peut être appelé à la succession anomale et à la succession ordinaire ; alors, il réunit deux qualités distinctes et indépendantes l'une de l'autre, ce qui lui permet de renoncer à la succession ordinaire pour s'en tenir à la succession anomale. Il est vrai qu'on a contesté ce point en se fondant, d'une part, sur la maxime *hæreditas pro parte non adiri potest*, et, d'autre part, en invoquant le défaut d'intérêt qu'aurait l'ascendant à procéder ainsi, puisqu'il devrait toujours contribuer aux dettes. Mais ces motifs ne nous paraissent pas sérieux. En effet, la maxime *hæreditas pro parte non adiri potest*, n'est applicable qu'autant que l'on se trouve en face d'une seule succession, ce qui n'est pas dans l'espèce, puisque, selon ce que nous avons établi, il y a deux successions distinctes et indépendantes l'une de l'autre. Quant à l'argument tiré du défaut d'intérêt, il est inexact : sans doute l'ascendant contribuera toujours aux dettes, mais, sous d'autres rapports, il peut avoir un grand intérêt à s'en tenir à la succession anomale. C'est ce qui aura lieu, par exemple, s'il veut se dispenser de rapporter à la succession ordinaire ce qu'il aurait reçu du défunt. Il en sera de même si, après avoir appréhendé la succession anomale, il s'apercevait que la succession ordinaire est grevée d'un chiffre de dettes supérieur à son actif ; alors il pourrait se décharger d'une portion des dettes en renonçant à cette succession. Enfin, il peut se faire qu'il attache aux biens donnés une grande affection, et qu'il veuille les reprendre, sauf à payer seulement une partie des dettes. Le défaut d'intérêt n'existe donc pas comme on voudrait le prétendre ; l'argument qu'il fournit n'est pas plus solide que celui tiré de la maxime *hæreditas pro parte non adiri potest ;* en conséquence, on doit admettre notre solution.

Mais l'ascendant peut-il renoncer à la succession anomale pour ne s'en tenir qu'à la succession ordinaire ? Évidemment, s'il est en concours avec d'autres héritiers dans la succession ordinaire, il peut renoncer à la succession anomale; rien ne s'y oppose. Par suite de sa renonciation, les biens seront censés n'avoir jamais formé qu'une seule et même succession, au partage de laquelle chacun arrivera selon ses droits. Mais *quid* s'il est seul appelé aux deux successions ? Certaines personnes répondent qu'il ne peut, en ce cas, répudier la succession anomale ; car, disent-elles, il retrouverait dans la succession ordinaire les biens qu'il aurait refusés comme appelé à la succession anomale ; dès lors, à quoi servirait une renonciation ? Pour nous, nous pensons qu'une telle répudiation est possible ; nous ne voyons rien qui s'y oppose. Ajoutons à cela qu'elle peut ne pas être sans influence dans les questions de réserve et de quotité disponible (Conf. MM. Duranton, tome VI, n° 210 ; — Aubry et Rau, tome IV, p. 546 ; — Marcadé, art. 747, n° 12 ; — Demolombe, *Traité des Successions,* tome Ier, n° 489.

Nous devons maintenant rechercher quelles personnes jouissent du retour successoral, et dans quel cas il y a ouverture de ce droit. Ces divers points font l'objet du chapitre suivant.

III

DES PERSONNES QUI JOUISSENT DU RETOUR SUCCESSORAL, ET DES CAS D'OUVERTURE DE CE DROIT.

Nous avons vu que dans la législation romaine, le père et l'aïeul paternel jouissaient seuls du droit de retour ; que dans notre ancienne France, les Parlements des pays de droit écrit avaient sur ce point une jurisprudence différente ; que celui de Grenoble appliquait les principes du droit romain, et que les autres, s'en écartant, accordaient le droit dont nous nous occupons à tous les ascendants paternels et maternels, sauf celui de Toulouse, qui l'étendait même aux collatéraux. Nous avons vu également que dans les pays de coutumes, ce droit était accordé à tous les ascendants seulement, excepté dans les pays régis par les coutumes d'Auxerre et de Valenciennes, qui s'étaient montrées beaucoup trop larges en l'accordant, la première aux collatéraux, et la seconde même au donateur étranger. Maintenant, il nous reste à étudier quelles sont les personnes qui jouissent de ce droit sous l'empire de la législation actuelle.

Le Code ne l'a accordé qu'aux ascendants donateurs,

à quelque degré, du reste, que soit l'enfant donataire ; on peut s'en convaincre par la simple lecture de l'article 747 qui nous dit : « Les *ascendants* succèdent, à » l'exclusion de tous autres, aux choses par eux *données* » à leurs enfants ou descendants. . . . . . » Ainsi, pas de doute sur ce point ; il n'y a que les ascendants qui peuvent prétendre au retour successoral ; le bénéfice n'en est jamais accordé aux collatéraux, qui ne peuvent avoir que la ressource du retour conventionnel, comme les donateurs étrangers. Mais lorsque nous posons en principe certain et incontestable que les ascendants jouissent seuls de ce droit, nous n'entendons parler que des ascendants légitimes, car, à l'égard du père et de la mère naturels, la question est l'objet d'une controverse que nous examinerons tout à l'heure.

Nous devons observer, que l'ascendant légitime qui réclame le retour, doit être le donateur lui-même. Les *ascendants* succèdent aux choses *par eux donnés*, dit notre texte ; dès lors, pour avoir droit au retour, il faut réunir les deux conditions suivantes : 1° être ascendant ; 2° être le donateur de la chose. Cette observation nous fournit la solution d'une question sur laquelle on n'était pas d'accord dans l'ancien droit ; c'était celle de savoir si, lorsqu'un aïeul avait donné à son petit-fils et décédait ensuite, le père avait un droit de retour légal sur la chose donnée se retrouvant dans la succession du petit-fils. Aujourd'hui on doit dire non, sans aucune espèce de doute, parce que c'est l'aïeul qui est donateur, et non pas le père. De même si un aïeul donne une chose à son fils, qui la donne ensuite lui-même à son propre fils, et que ce dernier vienne à mourir, ce sera le père et non l'aïeul, qui exercera le retour, car c'est lui qui est le donateur par rapport à son fils, et non l'aïeul. Enfin, il faut remarquer que le retour successoral constituant un privilége spécial, exceptionnel, dont l'application ne peut être faite que dans les termes de la loi, il en résulte que les héritiers de l'ascendant donateur, ses légataires universels ne peuvent pas en réclamer utilement le bénéfice, à moins toutefois que le droit ne se soit ouvert dans la personne de cet ascendant, cas auquel ils l'ont acquis par transmission.

Sous l'empire du Code, l'ascendant donateur étranger ne pouvait prétendre au retour successoral, à moins que ce droit n'eût été accordé au Français par les traités de la nation à laquelle cet étranger appartenait; cela résulte de la combinaison des articles 11 et 726. Il n'en est plus de même aujourd'hui; la loi du 14 juillet 1819 a fait disparaître cette incapacité; que l'ascendant donateur soit français ou étranger, peu importe, il peut exercer le retour successoral.

Nous arrivons à la controverse dont nous avons parlé plus haut: les père et mère naturels peuvent-ils réclamer le retour successoral des biens par eux donnés à leur enfant naturel reconnu décédé sans postérité, lorsque ces biens se retrouvent en nature dans sa succession ?

Disons tout d'abord que l'intérêt de la question s'aperçoit difficilement, lorsque l'enfant n'a été reconnu que par celui de ses père et mère qui lui a fait la dona-

tion, puisque, aux termes de l'article 765, la succession
de l'enfant naturel décédé sans postérité étant dévolue
au père ou à la mère qui l'a reconnu, cet ascendant retrouve toujours les biens donnés dans la succession
qu'il appréhende. Cependant, dans l'espèce, il pourrait
arriver qu'il fût important de prendre parti sur la solution de la question; cela aurait lieu dans le cas où, la
masse héréditaire étant grevée d'un chiffre de dettes dé-
passant l'actif, l'ascendant naturel attacherait un prix
d'affection aux biens donnés, et voudrait les reprendre
en s'en tenant à la succession anomale après avoir répudié la succession ordinaire. Mais l'intérêt se présente
d'une manière bien plus manifeste lorsque l'enfant a été
reconnu par son père et par sa mère ; car alors, si on
n'admet pas le retour successoral, le concubin du donateur bénificiera de la moitié des biens donnés, puisqu'aux termes de l'art. 765 précité, la succession doit
se partager par moitié entre le père et la mère qui ont
reconnu l'enfant.

Pour soutenir l'affirmative, on peut raisonner de la
manière suivante :

1° Les motifs qui ont fait introduire le droit de retour au profit des ascendants légitimes, militent également en faveur des père et mère de l'enfant naturel.
Dès lors, pourquoi se montrer favorable vis-à-vis des
uns, et dur et sévère vis-à-vis des autres ? Évidemment,
cette distinction n'a pas sa raison d'être; aussi, dans
l'ancien droit, Henrys reconnaissait-il au père naturel le
droit de retour légal, précisément en se fondant sur la

similitude existant entre sa position et celle de l'ascendant légitime.

2° L'opinion contraire aurait pour résultat de faire profiter de la libéralité l'ascendant non donateur; ce serait en quelque sorte récompenser un concubin de son immoralité.

3° Le Code a reproduit la doctrine présentée par Henrys; en effet, si nous lisons l'article 747, nous voyons qu'il nous dit : « Les ascendants succèdent à l'exclusion de tous autres. » Il ne fait aucune distinction entre les ascendants légitimes et les ascendants naturels; donc l'ascendant naturel jouit du droit de retour aussi bien que l'ascendant légitime.

4° Aux termes de l'article 766, le retour successoral est accordé aux frères et sœurs légitimes; donc, dit-on, *a fortiori*, le père ou la mère qui a fait une donation peut exercer ce droit.

Cette opinion compte de nombreux partisans; ainsi, on peut citer en ce sens : MM. Duranton, tome VI, n° 221; — Chabot, art. 747, n° 4; — Vazeille, art. 747, n° 12; — Marcadé, art. 747, n° 2; — Delaporte, *Pandectes franç.*, art. 747.

Toutefois, nous partageons l'opinion contraire, et voici les motifs que nous invoquons à l'appui de notre doctrine :

1° C'est à tort, selon nous, que l'opinion que nous repoussons cherche un argument dans l'ancien droit; en effet, la question y était généralement résolue dans le sens de la négative. Il est vrai que les motifs donnés

par nos anciens interprètes ne se retrouvent plus dans
notre législation actuelle; mais peu nous importe, car
nous ne voulons pas invoquer l'ancienne jurisprudence;
nous voulons seulement constater qu'elle ne peut fournir aucun élément de solution à nos adversaires. L'opinion d'Henrys était loin d'être généralement admise;
nous ne connaissons que Bretonnier qui l'ait partagée.
On ne peut donc se fonder sur une opinion pour ainsi
dire isolée afin d'invoquer l'ancien droit. Quant à la
similitude prétendue entre la position de l'ascendant
légitime et celle de l'ascendant naturel, elle n'existe
certainement pas. En effet, quel est le motif sérieux sur
lequel repose le droit de retour? La loi 2, C. *De bonis
quæ liberis,* nous l'a fait connaître. On n'a pas voulu
que la crainte de voir passer les biens donnés dans
des mains étrangères mît une entrave aux libéralités
des ascendants. Or, ce motif s'élève avec toute sa force
lorsqu'il s'agit des ascendants légitimes ; en effet,
s'ils ne jouissaient pas du droit de retour, ils seraient
exposés à subir, soit le concours des parents appartenant à l'autre ligne, soit même une exclusion, ce qui
est beaucoup plus grave. Au contraire, ce motif s'efface
lorsqu'il s'agit des père et mère naturels; car, forcément seuls dans leur ligne, ils excluront toujours les
frères et sœurs légitimes du *de cujus* et ne subiront jamais d'exclusion. Le pire de leur situation ne peut
jamais être que de perdre la moitié de leur libéralité,
qui sera recueillie par l'autre concubin. Il n'y a donc pas
similitude de position comme on voudrait le prétendre.

2° On nous dit : mais vous allez récompenser un concubin de son immoralité ; vous allez en quelque sorte
lui décerner le prix de sa faute. La réponse à cette objection nous paraît facile : que font, en effet, nos adversaires, en admettant l'ascendant naturel au retour? Ne
lui accordent-ils pas le même privilége qu'à l'ascendant
légitime? Ne récompensent-ils pas aussi son immoralité?
Qu'on laisse donc de côté cette objection ; car, on le
voit, elle s'applique également aux deux systèmes qui ne
doivent s'en prendre qu'au législateur.

3° On nous oppose l'article 747, qui, dit-on, dans la
généralité de ses termes, comprend aussi bien l'ascendant naturel que l'ascendant légitime. Nous devons l'a-
vouer, nous avons peine à comprendre cet argument.
En effet, le législateur a pris soin de réglementer, dans
deux chapitres distincts, la dévolution des successions
légitimes et celle des successions des enfants naturels ; ce n'est donc pas dans la partie qui traite
des successions légitimes que nous devons rechercher si les père et mère naturels ont un droit de
retour successoral, mais bien dans la partie qui traite
de la dévolution des successions des enfants naturels.
Or, dans la section première du chapitre IV du titre
des Successions où cette matière est traitée, nous ne
voyons aucun texte qui parle de retour successoral en
faveur des père et mère naturels. Nous n'avons que
l'article 765, qui ne fait que leur déférer en bloc la succession de leur enfant décédé sans postérité, et cela sans
faire de distinction pour la dévolution des biens donnés.

On doit d'autant plus s'en tenir au texte de cet article, qu'il est en harmonie parfaite avec le principe d'égalité que notre Code a proclamé en matière successorale; tandis que la succession anomale de l'article 747 est en désaccord avec ce principe, et qu'elle forme une succession exceptionnelle; ce qui nous conduit à ne l'admettre qu'autant que la loi la reconnaît d'une manière non équivoque. Or, nous le répétons, il n'est nullement question de retour successoral au profit des père et mère naturels dans la section qui traite des successions irrégulières; donc ces derniers ne peuvent jamais l'invoquer. A cela ajoutons, en outre, que les termes de l'article 747 font supposer qu'il s'agit d'une postérité légitime, puisqu'ils parlent de descendants autres que les enfants.

4° Enfin, il ne nous reste plus à combattre que l'argument *a fortiori* tiré de l'article 766, lequel ne nous paraît pas mieux fondé que les autres. Aux termes de cet article, nous dit-on, les frères et sœurs légitimes ont droit au retour; donc, à plus forte raison, l'ascendant donateur doit y avoir droit lui-même. L'argument n'est pas juste; en effet, à quelle condition l'article 766 leur accorde-t-il le retour ? C'est, dit le texte, à la condition du prédécès des père ET mère de l'enfant naturel; donc, si le concubin du donateur survit, le droit de retour ne leur appartient pas. (On peut consulter en ce sens : Dijon, 1ᵉʳ août 1818, — Riom, 4 août 1820, — Paris, 27 novembre 1845.) Or, si la loi ne leur confère pas ce droit, dans le cas où le concubin vient à la succession de l'enfant naturel, on ne peut pas dire que, dans ce même cas, elle le confère *a fortiori* au père donateur.

Cette opinion est partagée par MM. Malpel, n° 166, — Demante, tome III, n° 85 *bis*, — Massé et Vergé, tome II, p. 287, — Zachariæ, Aubry et Rau, tome IV, p. 227, — Demolombe, *Traité des Successions*, tome Ier, n° 496.

Nous devons observer ici que dans le cas où un ascendant aurait fait une libéralité à l'enfant naturel de son fils légitime, notre question ne pourrait s'agiter ; car, d'après la loi, ce donateur et ce donataire sont de véritables étrangers. (Conf. Chabot, art. 747, n° 5, — Marcadé, art. 747, n° 2, — Demolombe, *Traité des Successions*, tome Ier, n° 497.) Il faudrait également décider que le retour ne doit pas avoir lieu dans le cas d'une donation faite par un père à l'enfant légitime de son enfant naturel reconnu. (Caen, 9 juin 1847, et sur pourvoi Req. 5 mars 1849. — On peut voir en sens contraire une consultation de M. Feuguerolles, rapportée dans le Recueil périodique de Dalloz, 1849, Ire Partie, p. 93.)

Avant de nous demander à quel moment s'ouvre le retour, il ne nous reste plus qu'un mot à dire ; il est relatif au cas de constitution de dot. Aux termes de l'article 1439, la dot constituée à l'enfant commun en effets de la communauté, par le mari seul, sans déclaration expresse qu'il s'en charge pour le tout ou pour une portion plus forte que la moitié, est à la charge de la communauté. Si donc la femme accepte cette communauté, elle doit supporter la moitié de la dot ; mais aussi elle

peut, en revanche, prétendre au retour des choses données jusqu'à concurrence de moitié. Toutefois, ce que
nous disons là n'aurait pas lieu sous les régimes dans
lesquels le mari ne peut obliger la femme à son insu. Si
maintenant nous supposons que les père et mère se
soient engagés conjointement et solidairement à fournir
une dot, et que l'un d'eux l'ait fournie entièrement par
suite de l'insolvabilité de l'autre, on peut se demander
si celui qui a ainsi intégralement payé cette dot peut
exercer le droit de retour sur tous les biens donnés, à
l'exclusion de l'autre. Nous ne le pensons pas, et cela
parce qu'il était tenu au double titre de donateur et de
caution. Comme donateur, il a payé la part qu'il avait
promise, et à ce titre il pourra la reprendre par droit de
retour. Quant au surplus, il n'a fait que se libérer de son
obligation comme caution, ce qui ne lui donne qu'un
recours personnel contre celui pour le compte duquel il
a payé. Il n'est pas donateur pour cette part ; il ne peut,
quant à elle, exercer le retour successoral.

Examinons maintenant à quel moment et par quel
événement s'ouvre le droit de retour.

D'après notre texte, il s'ouvre au moment et par le
fait du prédécès du donataire sans postérité. Avant la loi
du 31 mai 1854, on décidait qu'il était encore ouvert
par la mort civile du donataire qui, au moment où elle
était encourue, n'avait pas de postérité ; mais, comme
ceci se rattache à un point de notre législation qui n'est
plus en vigueur aujourd'hui, nous ne nous en occupe-
rons pas. Enfin, notre droit de retour peut encore s'ou-

vrir par l'absence ; mais cette ouverture n'est que provisoire. Nous allons d'abord nous débarrasser de ce qui est relatif à cette dernière hypothèse de l'absence, pour revenir ensuite à celle du prédécès du donataire, qui exigera de plus longs développements.

En ce qui concerne l'absence, nous dirons qu'il faut distinguer le cas où c'est l'ascendant donateur qui est absent, et le cas où c'est le donataire. Si c'est l'ascendant donateur, il faut faire l'application des articles 135 et 136 ; en conséquence, les héritiers du donateur ne pourront invoquer de son chef le bénéfice du retour successoral qu'autant qu'ils rapporteront la preuve de l'existence de l'ascendant au moment de l'événement qui a donné ouverture au droit, c'est-à-dire au moment où le donataire est décédé ou est tombé lui-même en état d'absence. Si, au contraire, c'est le descendant qui est absent, l'ascendant donateur peut, invoquant l'article 120, provoquer la déclaration d'absence et se faire envoyer en possession provisoire des biens donnés, à la charge toutefois de fournir caution. (Conf. Nancy, 31 janvier 1833). Mais ici une situation toute particulière peut se présenter, la voici : les choses données consistaient, nous le supposons, en objets mobiliers ; or, en vertu du pouvoir que lui confère l'article 126, le tribunal peut en ordonner la vente et déterminer l'emploi du prix en provenant. L'ascendant serait-il fondé à s'opposer à une pareille mesure ? Dans l'opinion de ceux qui soutiennent que le retour ne peut avoir lieu qu'autant que les choses données se trouvent en nature dans la succession du donataire, opinion que nous partageons, l'ascendant devrait être écouté, parce que, dans le cas où l'absent reparaîtrait, le droit de retour s'évanouirait d'une manière irrévocable, la chose ne pouvant plus se retrouver plus tard en nature dans sa succession. Il en serait différemment dans l'opinion de ceux qui, interprétant plus largement l'article 747, admettent le retour dans certains cas où la chose ne se retrouve cependant pas en nature. Nous examinerons cette grave question dans le chapitre suivant.

Revenons maintenant au prédécès du donataire sans postérité.

Bien que la loi exige que l'ascendant survive à la postérité du donataire, il faut cependant se garder de prendre sa disposition à la lettre. Autrement, on arriverait à dire, que si les enfants du donataire renoncent à sa succession ou en sont écartés comme indignes, le retour ne pourrait avoir lieu. Or, une telle solution serait en opposition flagrante avec l'esprit de la loi, car on ferait passer en des mains étrangères les biens donnés par l'ascendant, ce que précisément le législateur a voulu éviter en édictant l'article 747. D'un autre côté, ajoutons qu'aux termes de l'article 785, ces enfants sont considérés comme n'existant pas quant à la succession. Dès lors, disons donc, que si les enfants qui forment la postérité du donataire renoncent ou sont déclarés indignes, le droit de retour s'ouvrira, bien que cependant le donataire ne soit pas décédé sans postérité.

L'existence d'enfants issus d'un mariage autre que

celui en faveur duquel l'ascendant a fait sa libéralité est-elle un obstacle au retour? Dans l'ancien droit, l'affirmative était admise, et aujourd'hui nous ne devons pas hésiter à l'admettre encore. En effet, ces enfants sont la postérité du donataire; or, l'article 747 exige que ce dernier soit décédé sans postérité, et cela sans distinction aucune entre la postérité antérieure et celle postérieure à la donation; donc les enfants dont il s'agit doivent faire obstacle au retour. Enfin, n'est-il pas plus naturel de supposer, comme nous l'avons dit précédemment en examinant l'ancien droit sur cette question, que la volonté présumée du donateur a confondu dans une même affection le donataire et ses enfants quels qu'ils fussent. Il est vrai qu'aux termes des articles 1082 et 1089, les donations de biens à venir sont censées seulement faites aux enfants à naître du mariage; mais l'espèce n'est plus la même que celle dont nous nous occupons, car, dans le cas prévu par les articles précités, les enfants à naître sont personnellement donataires en vertu d'une substitution vulgaire, ce qui n'est pas dans notre hypothèse.

Lorsque nous disons que l'ascendant est exclu par la postérité du donataire, nous entendons parler de la postérité légitime, et de la postérité légitimée par mariage subséquent; car, aux termes de l'article 333, les enfants légitimés par mariage subséquent ont les mêmes droits que s'ils étaient issus de ce mariage. Toutefois, il faut observer que l'ascendant peut invoquer les articles 317 et 315; ainsi, il pourrait intenter l'action en désaveu dans les cas où la loi l'accorde aux héritiers du mari (317), comme aussi contester la légitimité de l'enfant né plus de 300 jours après la dissolution du mariage (315). Mais *quid* de la postérité naturelle et de la postérité adoptive? Sont-elles un obstacle au retour? Ici nous nous trouvons en présence de deux controverses qu'il faut examiner.

Et d'abord, parlons de la postérité naturelle. Pour soutenir qu'elle est un obstacle au retour, on se base sur les motifs suivants :

1° Le droit de retour ne peut s'ouvrir d'après l'article 747, qu'autant que le donataire est décédé *sans postérité*; or ce texte ne fait aucune distinction entre la postérité légitime et la postérité naturelle ; donc la postérité naturelle doit faire obstacle au retour aussi bien que la postérité légitime. Et ce point est tellement vrai, ajoute-t-on, que quand le législateur, en matière de retour des biens donnés, entend ne parler que de la postérité légitime, il prend soin de le dire. La preuve en est dans l'article 351, où il dit : « Si l'adopté meurt sans » descendants *légitimes* »; de même encore dans l'article 960, où il n'admet la révocation des donations pour cause de survenance d'enfant, qu'autant qu'il s'agit d'un enfant *légitime* du donateur. Dès lors, dit-on, du moment où il n'a posé aucune restriction dans l'article 747, il faut en conclure que la postérité dont il a entendu parler dans ce texte est aussi bien la postérité naturelle que la postérité légitime.

2° Aux termes de l'article 757, les droits de l'enfant

naturel sur les biens de ses père et mère décédés, consistent dans une certaine fraction de la portion héréditaire qu'il aurait eue s'il eût été légitime; et cette fraction est de moitié lorsqu'il se trouve en concours avec un ascendant: donc, dit-on, l'enfant naturel doit faire obstacle au retour jusqu'à concurrence de moitié des biens donnés, car ces biens font partie de la succession de son père ou de sa mère donataire. Et s'il en était autrement, ajoute-t-on, il pourrait arriver, dans le cas où les biens donnés composeraient seuls la succession, que l'enfant naturel serait privé de tous droits sur les biens de son père ou de sa mère donataire, ce qui est inadmissible.

3° Le donataire pouvait priver l'ascendant donateur des biens donnés, en les aliénant. Or, la reconnaissance de l'enfant naturel équivaut évidemment à une aliénation indirecte de la partie des biens revenant à cet enfant dans la succession du donataire. Dès lors l'ascendant est non recevable à se plaindre; il doit subir le concours de l'enfant naturel sur les biens donnés.

Cette opinion est enseignée par la plupart des auteurs; ainsi, on peut citer en ce sens : MM. Chabot, article 747, n° 14 ;— Toullier, tome II, n° 240 ;— Delvincourt, tome II, p. 40 ; — Duranton, tome VI, n° 219 ; —Malpel, n° 134 ; —Vazeille, art. 747, n° 17 ; — Marcadé, art. 747, n° 3 ;— Demante, tome III, n° 56 *bis* ;— Zachariæ, Aubry et Rau, tome IV, p. 224. Cependant, malgré l'autorité qui se rattache aux noms que nous venons de citer, il nous semble que l'opinion contraire est préférable, et voici les arguments sur lesquels nous nous fondons pour justifier notre sentiment :

1° Prétendre que dans l'article 747, le législateur a entendu parler de la postérité légitime et de la postérité naturelle du donataire, c'est faire une confusion que repoussent d'une manière certaine et la place qu'occupe notre texte, et la simple lecture des articles qui le précèdent et le suivent. En effet, l'article 747 est placé dans le chapitre III, qui ne traite que des divers ordres de successions légitimes, sans s'occuper des droits des enfants naturels, qui sont réglés dans le chapitre IV. D'un autre côté, le mot *postérité* que nous retrouvons dans les articles 746, 748, 749, est évidemment pris là dans le sens exclusif et restreint de postérité légitime. Pourquoi donc lui donner un sens plus large dans l'article 747? En vérité, il n'en existe pas de bonne raison. Aussi quelques auteurs adverses, notamment MM. Aubry et Rau, reconnaissant que l'article 747 n'entend parler que de la postérité légitime du donateur, invoquent spécialement l'argument tiré de l'article 757.

Quant aux articles 351 et 960, ils ne sauraient, à notre sens, fournir aucun argument qui puisse établir que l'article 747 s'applique à l'une et à l'autre postérité. En effet, si le législateur a pris soin, dans ces articles, de parler de la postérité légitime, c'est parce que ces matières pouvaient s'appliquer aussi bien à la postérité naturelle qu'à la postérité légitime, et qu'il n'a voulu favoriser que cette dernière. Mais dans l'article 747, il ne pouvait en être ainsi; le doute n'était pas possible, à

raison de la matière dont ce texte fait partie; et si le législateur y avait fait suivre le mot postérité du mot *légitime*, il aurait fait un pléonasme inutile. Donc, l'article 747 s'applique seulement à la postérité légitime et
non à la postérité naturelle.

2° On nous oppose l'article 757 en nous disant : l'enfant naturel, en concours avec un ascendant, a droit à la
moitié de la portion héréditaire qu'il aurait eue s'il eût été
légitime; en d'autres termes, il a droit à la moitié de la
succession, donc il doit faire obstacle au retour, jusqu'à
concurrence de moitié des biens donnés, car ces biens
font partie de la succession du père ou de la mère donataire. A cela nous répondons : Il n'est point exact de
dire, du moins d'une manière absolue, que les biens
donnés font partie de la succession du père ou de la mère
donataire décédé. En effet, le patrimoine du *de cujus*
donataire se décompose en deux successions tout à fait
distinctes, n'ayant rien de commun entre elles, l'une
formant la succession anomale à laquelle l'ascendant
donateur a seul droit, l'autre formant la succession ordinaire, sur laquelle seulement doivent s'agiter et se dé-
battre les prétentions des autres héritiers, et sur laquelle,
en conséquence, l'enfant naturel devra exercer ses droits.
Dès lors, c'est à tort que l'on vient soutenir qu'il peut
prétendre à une portion des biens donnés. Et si l'on
vient nous dire qu'avec notre système, il pourra se présenter telle circonstance où l'enfant naturel se trouvera
dépouillé de tout ou partie de ses droits sur les biens de
ses père et mère décédés, notamment au cas où les biens

donnés formeraient la totalité ou la presque totalité de la succession, nous répondrons que cela est inexact, car il n'a jamais eu de droit sur les biens donnés, puisqu'ils ne se trouvent pas dans la succession ordinaire. Nous ajouterons que si l'ascendant n'avait rien donné, l'enfant naturel se trouverait identiquement dans la même situation, et que certainement alors il n'aurait pas le droit de se plaindre. Du reste, l'opinion adverse conduirait à cette conséquence inadmissible , à savoir : qu'il faudrait supposer que le donateur a entendu comprendre dans sa libéralité la descendance naturelle de son enfant légitime, laquelle lui est complétement étrangère et ne peut être pour lui qu'une cause de chagrin et de douleur. Or, nous le demandons, cela est-il possible ? Évidemment non. Donc, il faut rejeter l'argument tiré de l'article 757.

3° On prétend enfin, que la reconnaissance de l'enfant naturel équivaut à une aliénation indirecte des biens qu'on veut enlever à l'ascendant. Rien n'est plus inexact que ce raisonnement, car la reconnaissance n'a et ne peut avoir d'autre résultat que d'établir des rapports de paternité et de filiation. Sans doute, elle peut avoir une influence éloignée sur la transmission des biens de celui qui l'a faite, mais elle ne constitue en aucune façon une aliénation virtuelle. Ce dernier argument n'est donc pas plus juste que les autres, aussi doit-on le repousser également.

Comme partisans de cette opinion, on peut citer : MM. Demolombe, *Traité des Successions*, tome I, n°510;

Legentil, *Dissertations juridiques*, p. 42 ; — Massé et Vergé, sur *Zacharie*, tome II, p. 326 ; — Benoît, *Traité de la Dot*, tome II, n° 104 ; — Paul Pont, *Revue critique*, 1852, p. 12 et 13. On trouve également en ce sens les arrêts suivants : Cass., 3 juillet 1832 ; — Douai, 14 mai 1851 ; — Cass., 9 août 1854.

Pour terminer ce que nous avons à dire sur la postérité naturelle, nous devons faire remarquer que si le donataire a laissé un enfant légitime, l'enfant naturel qui vient en concours avec ce dernier, exerce ses droits sur la totalité des biens laissés par le *de cujus*, car alors l'enfant légitime a empêché l'ouverture du retour successoral.

Passons maintenant à la postérité adoptive. Est-elle un obstacle au retour ? Ceux qui soutiennent la négative invoquent l'esprit de la loi. On doit présumer, disent-ils, que l'ascendant n'a voulu gratifier que ses descendants, les *hoirs de son corps*, comme disaient les coutumes. Si donc il pouvait être écarté par l'enfant adoptif, sa volonté serait violée, puisqu'il serait exclu par un enfant qui pour lui est un étranger. D'un autre côté, on ajoute, que le mot postérité ne signifie ordinairement que la postérité du sang, et que c'est dans ce sens seulement qu'il a pu être pris dans l'article 747. Malgré le poids de ces motifs, nous nous croyons contraints de nous ranger à l'opinion contraire, en présence de l'article 350, qui donne à l'adopté sur la succession de l'adoptant, les mêmes droits que ceux qu'aurait l'enfant né en mariage. D'après ce texte, l'enfant adoptif est placé sur la même ligne que l'enfant légitime ; et comme ce dernier empêche l'ouverture du retour, on est forcément conduit à reconnaître que l'autre doit également y faire obstacle. Enfin, on peut encore ajouter que si l'enfant donataire avait fait un legs universel, l'ascendant serait exclu. Or, l'adoption équivaut au moins à un legs de cette nature (1). Concluons donc de ce qui précède, que l'existence d'un enfant adoptif s'oppose à l'exercice du retour. (Conf. Toullier, tome II, n° 240 ; — Chabot, art. 747, n° 13 ; — Duranton, tome VI, n° 220 ; — Demolombe, *Traité des Successions*, tome I, n° 508 ; — Malpel, n° 134 ; Zachariæ, Aubry et Rau, tome IV, p. 224 ; — Vazeille, art. 747 ; — Marcadé, art. 747, n° 3 ; — Massé et Verger, tome II, p. 286. — Cass., 2 décembre 1822. — *Contra*, Benoît, *Traité de la Dot*, tome II, n° 104).

Nous devons nous demander, maintenant, si l'ascendant donateur a le droit de reprendre dans la succession de ses petits-enfants décédés sans postérité les biens qu'il avait donnés à leur père et qu'ils avaient recueillis dans sa succession. Cette question est controversée.

Pour l'affirmative, on peut raisonner de la manière suivante :

1° La loi, en organisant le droit de retour, a eu pour

(1) En présentant cet argument que nous avons rencontré dans la plupart des auteurs, nous devons dire qu'il est loin de nous paraître décisif. Il nous semble qu'on peut le contester en disant que l'adoption n'équivaut nullement à un legs universel ; qu'elle ne fait qu'établir simplement des rapports civils de paternité et de filiation. Le premier argument, au contraire, nous paraît trancher la question d'une manière incontestable.

but d'empêcher que la douleur du père qui a perdu son enfant ne fût encore aggravée par la perte des biens donnés qui formaient peut-être sa seule ressource. Or évidemment, ce motif se produit avec autant de force, si ce n'est plus, lorsque l'ascendant a eu la douleur de perdre non-seulement son enfant, mais encore les descendants de cet enfant. D'un autre côté, l'ascendant a entendu faire et a fait sa libéralité, tant à l'enfant donataire qu'à ses descendants ; dès lors, si cet enfant vient à décéder, ainsi que ses descendants, la cause de la donation venant à défaillir, le retour doit forcément avoir lieu.

2° Sous l'empire des coutumes de Paris et d'Orléans, on admettait l'ascendant à exercer le retour dans l'hypothèse dont nous nous occupons. Ainsi Pothier, dans son *Commentaire sur la coutume d'Orléans* (art. 315, note III), nous dit : « Le donateur succède aux choses » données, *non-seulement dans la succession de son fils à* » *qui il les a données lorsqu'il est décédé sans enfant,* » *mais encore dans celle de l'enfant de ce fils qui les a* » *eues dans la succession de son père.* » Renusson (*Traité des Propres*, Chap. II, Sect. XIX, n° 21) enseignait la même doctrine ; il rapporte même en ce sens divers arrêts du Parlement de Paris. La solution affirmative sur la question qui nous occupe était donc, dit-on, bien constante. Or, qu'a fait notre Code ? Il a reproduit dans l'article 747, l'article 313 de la coutume d'Orléans et l'article 313 de la coutume de Paris ; ainsi, au surplus, qu'on peut s'en convaincre en rapprochant ces divers textes. S'il en est ainsi, continue-t-on, il faut admettre que le législateur, en reproduisant le texte de ces coutumes, a entendu forcément en consacrer l'esprit.

3° En matière d'adoption, le Code, dans son article 352, accorde à l'adoptant le retour des choses par lui données, qui se retrouvent dans la succession des enfants ou descendants de l'adopté décédés sans postérité. Or, dit-on, l'espèce qui nous occupe et celle prévue au cas d'adoption sont identiques ; dès lors elles doivent être régies par les mêmes règles : *ubi eadem ratio ibi et idem jus*. Du reste, ajoute-t-on, on ne voit pas pourquoi l'ascendant serait moins bien traité que l'adoptant.

4° Enfin, dans ces derniers temps, on a invoqué les travaux préparatoires, et voici comment : Dans le projet du Code, l'article 951 se terminait ainsi : « Le retour » conventionnel n'aura pas lieu sans stipulation, si ce » n'est au profit des ascendants, ainsi qu'il est réglé par » l'article 30 du titre des Successions. » Or, l'article 30 dont il s'agit est notre article 747 actuel. De là on a conclu, que dans l'esprit des rédacteurs du Code, le retour légal avait la même étendue que le retour conventionnel, et que, par conséquent, de même que ce dernier, il pourrait s'exercer dans la succession des enfants du donataire décédé sans postérité.

On peut consulter, dans le sens de cette opinion : MM. Malleville, tome II, p. 217 ; — Vazeille, art. 747, n° 19 ; — Delaporte, *Pandectes franç.*, tome III, p. 75 ; — Delvincourt, tome II, p. 40. Malgré les raisons qui précèdent, nous rejetons cette opinion. Selon nous, le retour n'est pas possible dans l'hypothèse dont il s'agit ; et pour le prouver, nous nous fondons sur les motifs suivants :

1° Nous sommes d'accord avec nos adversaires, pour reconnaître que la position de l'ascendant donateur est bien digne d'intérêt, et qu'il serait bon de ne pas aggraver sa douleur en lui enlevant les biens donnés ; mais nous ne pouvons aller contre le texte de la loi, qui, comme nous le verrons tout à l'heure, ne laisse aucune place au doute ; nous le disons avec regret : *Dura lex, sed lex*. Quant à l'argument qui consisterait à dire que les descendants du donataire sont eux-mêmes donataires, nous ne le considérons pas comme sérieux. Il l'est si peu, que si ces descendants avaient répudié la succession du donataire, les choses données ne se seraient pas trouvées dans leur succession. Si elles s'y trouvent, ce n'est donc que parce qu'ils les ont acquises comme héritiers et non comme donataires.

2° C'est à tort que l'on invoque l'ancien droit ; sans doute la solution affirmative était bonne sous l'empire des coutumes, mais aujourd'hui il n'en est plus de même. En effet, d'après notre ancienne législation, les biens donnés, dans l'espèce, étaient propres, et comme tels, d'après les règles qui régissaient les successions aux propres, ils devaient revenir à l'ascendant. Mais ce système d'autrefois, qui avait servi de base à l'ancienne jurisprudence pour accorder le retour au cas qui nous occupe, n'existe plus aujourd'hui ; il a été banni à juste titre de notre législation. Or, admettre comme étant encore vraie la consé-

quence qu'on était arrivé à en tirer jadis, c'est admettre
que ce système existe encore, ce qui n'est pas. De plus,
rappelons-nous que Lebrun n'était pas aussi affirmatif
que Pothier sur cette question, et qu'il disait que c'était
là une des grandes questions de la matière. (Livre Ier,
Chap. V, Section II, n° 32.) La solution affirmative n'é-
tait donc pas aussi constante qu'on voudrait bien le
dire ; aussi ces considérations nous amènent à penser
que l'argument tiré de l'ancien droit est sans valeur. Au
surplus, comme l'a dit la Cour de Cassation dans son
arrêt du 17 décembre 1812 : « Le droit de retour légal
» appartenant aux ascendants donateurs, sur les choses
» par eux données à leurs enfants ou descendants, ne
» doit être fixé ni par le texte des coutumes, ni par les
» anciens arrêts, mais par les dispositions du Code
» civil. »

3° Les rédacteurs du Code connaissaient parfaitement
la question qui nous occupe; aussi nous semble-t-il l'a-
voir résolue dans notre article 747. Que dit, en effet, ce
texte ? « Les ascendants succèdent..... aux choses par
» eux données à leurs enfants ou descendants décédés
» sans postérité. » Si l'on analyse cette phrase gram-
maticalement, elle signifie ceci : Les ascendants succèdent aux choses par eux données à leurs enfants décédés
sans postérité, ou données à leurs descendants décédés
sans postérité. La loi a donc eu en vue deux hypothèses,
l'une qui est celle où la donation a été faite à un enfant ;
l'autre qui est celle où la donation a été faite à un petit-
enfant. Elle veut que dans l'un et l'autre de ces cas, le

retour s'ouvre si le donataire décède sans postérité ;
mais elle ne dit en aucune façon, que le droit de retour
appartiendra à l'ascendant dans la succession de l'enfant du donataire. Or, on le sait, nous sommes ici dans
une matière qui traite d'un droit exceptionnel, et dans
laquelle dès lors tout est de droit étroit ; donc il faut
s'en tenir exclusivement aux deux cas prévus par notre
texte, et ne pas en ajouter d'autres dont le législateur n'a
pas parlé ou qu'il a entendu exclure.

Mais il y a plus, d'après les termes mêmes de notre
article, c'est en qualité d'ascendant *donateur*, c'est à
son descendant *donataire*, et c'est aux choses *données*
au défunt, que l'ascendant est appelé à succéder. Or,
dans l'espèce qui nous occupe, ces conditions ne se
rencontrent pas. En effet, l'ascendant n'est pas donateur de l'enfant du donataire, cet enfant n'est pas non
plus son donataire, et si la chose se retrouve dans sa
succession, elle y est, non pas à titre de chose donnée,
mais à titre de chose acquise par succession. Nous ne
trouvons donc pas les trois conditions voulues par la
loi pour que le retour puisse s'ouvrir ; par conséquent,
nous ne pouvons le déclarer ouvert. Du reste, la fin de
l'article 747 confirme ce que nous venons de dire, car
nous y lisons, que les ascendants succèdent à l'action en
reprise que pouvait avoir le *donataire*. Or, ce donataire
ne peut être évidemment que celui-là même qui a reçu
la libéralité de l'ascendant ; quant aux enfants de ce donataire, ils ne sont que des héritiers dans la succession
desquels la chose donnée se retrouve avec le caractère

de chose héréditaire, et non pas avec celui de chose donnée.

4° L'argument d'analogie tiré de l'article 352 est inexact, car la situation de l'adoptant n'est plus la même que celle de l'ascendant donateur. En effet, si la loi n'avait pas permis à l'adoptant de reprendre les biens par lui donnés, dans la succession du descendant de l'adopté décédé sans postérité, il serait arrivé que ces biens seraient passés dans une famille étrangère ; car l'adoption n'établit aucun lien de parenté entre l'adoptant et les parents de l'adopté. Or, dans notre espèce, il n'en est plus de même, car l'ascendant peut être appelé à recueillir tout ou partie des biens donnés comme héritier ordinaire. Que s'il est exclu, il ne le sera que par des frères et sœurs du *de cujus*, lesquels sont ses propres descendants. La position n'est donc plus la même que dans l'article 352 ; dès lors, on comprend très-bien que la loi se soit montrée moins large en faveur de l'ascendant donateur.

5° Enfin, il nous reste à parler du moyen tiré des travaux préparatoires, et qui consiste, relativement à notre espèce, à donner la même étendue au retour légal qu'au retour conventionnel. Évidemment cet argument est mauvais, car, si on le pressait tant soit peu, on arriverait à une assimilation qui confondrait les règles si distinctes de ces deux droits de retour. Il faut donc le rejeter en disant que les rédacteurs, dans la fin du projet de l'article 951, voulaient purement et simplement faire sentir la différence d'origine du retour légal et du retour conventionnel, dont l'un est l'œuvre de la loi, et l'autre l'œuvre de l'homme, et que, loin de confondre les règles qui les régissent, ils prenaient soin de renvoyer, pour celle du retour légal, à l'article 30, qui est devenu notre article 747.

Cette opinion est adoptée par MM. Chabot, art. 747, n° 12; — Merlin, v° *Réversion*, Sect. II, § Ier, n° 1er; — Duranton, tome VI, n° 216; — Demolombe, *Traité des Successions*, tome Ier, n° 512; — Malpel, n° 133; — Marcadé, art. 747, n° 6. — On peut citer dans le même sens les arrêts suivants : Agen, 20 et 28 février 1807; — Toulouse, 9 janvier 1815; — Cass. 18 août 1818, 30 novembre 1819 et 20 mars 1850.

Avant de passer à un autre ordre d'idées, il ne nous reste plus qu'un mot à dire; il a trait à la survivance de l'ascendant. En général et presque toujours, elle sera facilement constatée; mais il peut cependant arriver qu'il n'en soit pas ainsi. Cela aura lieu, par exemple, dans le cas où l'ascendant et son donataire auront péri dans un même événement, sans qu'on puisse reconnaître lequel est décédé le premier. Devons-nous, dans cette hypothèse, appliquer les règles de la théorie des *cum morientes* que nous trouvons dans les articles 720 à 722?

Nous croyons qu'il faut répondre par une distinction. Si l'ascendant donateur et le donataire sont respectivement appelés à la succession l'un de l'autre, nous dirons oui, puisqu'on est dans les termes de la loi. Au cas contraire, nous dirons non, car il s'agit là de présomptions légales, et en cette matière, tout est de droit étroit. Ce serait alors aux héritiers de l'ascendant donateur, qui voudraient exercer le retour successoral, à prouver qu'il a survécu au donataire.

IV

DE L'OBJET DE RETOUR.

D'après ce que nous avons vu précédemment, nous savons à quel titre s'exerce le droit de retour, à quelles personnes il est accordé, et dans quel cas il s'ouvre. Nous avons maintenant à rechercher quelles sont les choses qui peuvent en être l'objet.

Nous savons que dans l'ancien droit, le retour légal s'appliquait sans difficulté aucune aux immeubles, mais qu'il n'en était pas de même pour les meubles. Sous l'empire du Code, il s'applique à toute espèce de choses, qu'elles soient meubles ou immeubles, corporelles ou incorporelles, peu importe. Notre texte ne fait en effet aucune distinction lorsqu'il nous dit : « Les ascendants succèdent aux choses par eux données. »

Notons en passant, qu'il faut que la chose ait été réellement donnée ; c'est là une des conditions essentielles du retour. Si donc les parties avaient qualifié de donation un acte qui n'était au fond qu'un contrat à titre onéreux, il n'y aurait pas *chose donnée*; car on doit plutôt considérer la nature de la convention que le nom que les parties lui ont donné : *non quod dictum est, sed quod factum est.* En pareil cas, le retour ne pourrait avoir lieu (Conf. Nancy, 31 janvier 1833, — Tribunal civil de la Seine, 6 juillet 1849). Mais est-il nécessaire que la chose ait été donnée, dans les formes que prescrit notre Code au titre des Donations entre vifs ? Non, il suffit de rencontrer un acte qui comporte dessaisissement gratuit, actuel et irrévocable de la part du donateur. Ainsi, par exemple, seront sujettes au retour : les choses formant l'objet d'une donation de biens présents par contrat de mariage ; celles qui auront été remises au donataire à titre de don manuel ; celles qu'il aura reçues pour son lot dans un partage d'ascendants. Toutefois, la jurisprudence a eu à se prononcer sur ce dernier point, mais elle a décidé dans le sens que nous indiquons. (Lyon, 2 avril 1840 ; — Douai, 14 mai 1851 ; — Merlin, *Rép.*, v° *Part. d'ascendants*, n° 19 ; — Genty, *Part. d'ascendants*, p. 209 et 285 ;—Marcadé, art. 1078, n° 2 ;—Massé et Vergé sur *Zachariæ*, tome II, p. 288 ;— Demolombe, *Traité des Successions*, tome I, n° 515.) *Quid* des présents d'usage que l'art. 852 dispense du rapport ? L'ascendant peut-il prétendre en exercer le retour ? Nous pensons qu'il faut ici user d'une distinction : ainsi, il faudra accorder le retour lorsque la chose donnée, s'écartant par sa valeur des limites d'un simple cadeau, pourra être considérée comme constituant une augmentation dans le patrimoine du donataire. Lorsque, au contraire, elle n'aura que le caractère d'un simple présent, le retour ne pourra avoir lieu, car alors, on ne peut pas la considérer comme faisant l'objet d'une véritable donation.

Ainsi, en résumé, toutes les choses données, qu'elles soient meubles ou immeubles, corporelles ou incorporelles, peuvent être l'objet du retour ; et il n'est pas nécessaire que la libéralité ait eu lieu dans les formes prescrites par la loi au titre des Donations.

Nous devons entrer ici dans l'explication de ces mots de notre texte : *lorsque les objets donnés se retrouvent en nature dans la succession.*

Nous rencontrons à cet égard une grande controverse parmi les interprètes. Les uns, s'écartant des termes positifs de la loi, veulent que le retour ait lieu, non-seulement lorsque l'objet donné se retrouve en nature dans la succession, mais encore lorsque l'ascendant peut établir d'une manière certaine et incontestable que l'objet qu'il prétend soumis au retour a été acquis avec ce qu'il a donné. Les autres, allant plus loin, décident que l'ascendant qui a donné une somme d'argent ou des denrées, peut exercer le retour, lorsqu'au décès du donataire il se trouve dans sa succession de l'argent ou des denrées de même qualité que celles qui ont été données. D'autres, allant plus loin encore, disent, avec la jurisprudence, que l'ascendant qui a donné du numéraire, peut exercer le retour sur les obligations, billets et effets publics qui se trouvent dans la succession du donataire. Pour notre part, nous pensons qu'il faut interpréter strictement l'article 747, et dire que le retour ne peut avoir lieu, qu'autant que la chose donnée se retrouve *identique-*

ment, *in specie*, dans la succession. Voici les motifs de notre opinion :

Lorsqu'on se trouve en présence d'une disposition exceptionnelle, il faut s'attacher scrupuleusement aux termes de la loi, sous peine de s'exposer à tomber dans l'arbitraire, en substituant une opinion personnelle à la volonté du législateur. Or, nous le savons, notre article 747 établit une succession particulière, régie par des règles qui lui sont propres et qui la placent en dehors du droit commun. Nous sommes donc en face d'une matière d'exception, et dès lors nous devons l'interpréter en nous rattachant avec soin aux expressions de la loi. Or, que dit notre texte ? « Les ascendants succè- » dent...... lorsque les objets donnés *se retrouvent en* » *nature dans la succession.* » Voilà la règle établie d'une manière bien claire et bien nette. Il faut que les objets donnés se retrouvent *en nature* dans la succession ; s'ils ne s'y retrouvent pas, le retour est impossible. Et cette règle que contient l'article 747, se retrouve posée dans l'article 766 ; elle l'est également, et dans les mêmes termes, dans l'article 351 décrété moins d'un mois avant les articles 747 et 766 ; ce qui prouve bien que le législateur a toujours entendu et voulu subordonner expressément l'ouverture du retour, à la condition essentielle et *sine quâ non* de l'existence en nature, *in specie*, des objets donnés dans la succession. Du reste, si l'on envisage avec réflexion l'expression de la loi, il nous semble qu'on doit reconnaître qu'elle a voulu exclure les équivalents ; car elle ne dit pas : *se retrouvent dans la succession,* mais bien, *se retrouvent en nature dans la succession ;* ces termes sont essentiellement limitatifs et n'admettent aucune extension. Donc il faut, ce nous semble, reconnaître que les objets donnés doivent se retrouver *identiquement, in specie,* dans la masse héréditaire.

Cette règle essentielle étant ainsi posée, la loi a cru devoir s'expliquer sur deux cas auxquels elle en a étendu l'application : le premier est relatif au prix encore dû des objets aliénés, le second à l'action en reprise que pourrait avoir le donataire.

En ce qui touche le prix, déterminée peut-être par un vieux souvenir des idées romaines, d'après lesquelles le vendeur ne cessait d'être propriétaire qu'après le payement du prix (*Inst.*, II.—I.,—§ 41), elle s'est dit que l'aliénation n'était pas complète, que la chose n'était pas sortie du patrimoine du donataire d'une manière irrévocable et définitive, puisque l'action en résolution pouvait l'y faire rentrer. Alors, considérant cette chose comme susceptible de se retrouver encore en nature dans la succession du donataire, elle a appelé l'ascendant à succéder au prix encore dû. En cela elle a appliqué la maxime : *Is qui actionem habet ad rem recuperandam ipsam rem habere videtur.* (D. L. 15, *De reg. juris.*)

Nous verrons plus loin qu'on désigne en général sous le nom d'action en reprise toute action qui est de nature à faire rentrer un bien dans le patrimoine de celui auquel il appartient. Or, ici encore, la loi, partant toujours de la même idée, a considéré la chose comme susceptible de se retrouver en nature dans la succession du donataire, et comme s'y retrouvant en quelque sorte. En conséquence, elle a appelé l'ascendant à succéder à cette action, appliquant en cela le principe romain : *Rem in bonis nostris habere intelligimur quoties possidentes exceptionem : aut amittentes ad recuperandam eam actionem habemus* (**D. L.** 52, *De adquirendo rerum dominio*). On nous dira peut-être : Votre explication n'est pas juste, car, dans le cas où les choses données se trouveraient aliénées par suite de l'apport que la fille donataire en aurait fait à son mari, l'action en reprise qui compète à cette dernière a pour objet une chose autre que celle qui a été donnée. Dès lors l'ascendant, succédant à cette action, peut être appelé à reprendre des choses autres que celles qu'il a données. Mais, à notre sens, ce raisonnement ne serait pas exact ; il n'aurait pour lui que l'aprence de la réalité sans être vrai au fond. En effet, lorsque l'ascendant donne par contrat de mariage, ou depuis le mariage, une chose qui se trouve définitivement aliénée par l'effet des conventions matrimoniales de l'époux donataire, qu'arrive-t-il ? Il arrive qu'en fait, l'ascendant ne lui a donné qu'une action en reprise contre son conjoint ou la communauté. Conséquemment, lorsque le donataire vient à mourir, l'ascendant succède à cette action en reprise, parce qu'elle se retrouve dans la succession telle qu'il l'avait placée dans le patrimoine du donataire ; il ne succède donc pas à une chose autre que la chose donnée ; partant, notre explication est conforme à l'esprit et au texte de la loi.

En résumé, le retour ne peut s'ouvrir qu'autant que la chose donnée se retrouve identiquement, *in specie*, dans la succession du donataire. Telle est la règle essentielle et fondamentale que l'article 747 pose d'une manière claire et précise ; puis, faisant application du principe qu'il vient ainsi d'établir, le législateur appelle l'ascendant à succéder au prix des objets aliénés, lorsqu'il est encore dû, ainsi qu'à l'action en reprise que pouvait avoir le donataire. (En ce sens, Marcadé, art. 747, n° 5 ; — Massé et Vergé, p. 290 ; — Demolombe, *Traité des Successions*, tome Ier, n°s 517 et suivants.)

Examinons maintenant la théorie contraire à l'opinion que nous venons d'embrasser.

Selon certaines personnes, avons-nous dit, il faut admettre le retour, non-seulement lorsque la chose donnée se retrouve *en nature* dans la succession du donataire, mais encore lorsque l'ascendant peut établir, d'une manière *certaine* et *incontestable*, que la chose qu'il réclame a été acquise avec ce qu'il a donné.

Cette opinion repose sur une idée de subrogation. D'après elle, la pensée de la loi a été celle-ci : lorsque l'ascendant peut dire sans aucun doute possible, cette chose a été acquise avec ce que j'ai donné, la succession ne la possède que parce que c'est moi qui l'en ai enrichie, alors, la chose acquise étant subrogée à la chose donnée, le retour doit s'ouvrir ; si, au contraire, l'ascendant ne peut pas formuler sa prétention d'une manière certaine, incontestable, exclusive de toute espèce de doute, le retour ne peut avoir lieu. Du reste, dit-on, on trouve dans la loi elle-même la consécration de ce système de subrogation, lorsqu'elle fait succéder l'ascendant au prix encore dû. Évidemment, dans cette hypothèse, elle s'est dit : il est certain que cette créance du prix ne se trouve dans la succession que par suite de la libéralité de l'ascendant, que c'est cette libéralité elle-même qui l'en a enrichie ; alors, considérant cette créance comme subrogée à la chose elle-même, elle a décidé que l'ascendant devrait la recueillir. Il est vrai que, dans le système de ceux qui interprètent littéralement les mots *en nature,* on explique cette disposition de la loi par le principe, *qui habet actionem ad rem recuperandam ipsam rem habere videtur.* Mais cette explication n'est pas suffisante, car il peut se faire que le donataire ait renoncé, dans le contrat de vente, à son action en résolution ; et cependant le prix n'en ferait pas moins retour à l'ascendant. Cette disposition ne peut donc se comprendre raisonnablement que par une idée de subrogation ; et cette idée se fait sentir d'une manière bien plus sensible encore, lorsqu'il s'agit de l'action en reprise que la loi accorde à l'ascendant, car cette action peut avoir pour objet une chose tout à fait différente de celle qui a été donnée.

Si l'on objecte que les subrogations sont de droit étroit, qu'elles font exception aux principes, et que, dès lors, on ne peut les invoquer qu'autant qu'elles ont été spécialement prévues par la loi, comme dans les cas des articles 1407 et 1559, on répond que cette objection n'est pas fondée, car elle fait une confusion entre la subrogation dans les titres universels et la subrogation dans les titres particuliers. En effet, il est bien certain qu'à l'égard des choses particulières, la subrogation ne peut avoir lieu que dans les cas spécialement déterminés par la loi ; mais, à l'égard des universalités de biens, il n'en est pas de même ; la subrogation a toujours lieu, par application de la maxime : *In judiciis universalibus res succedit in locum pretii et pretium in locum rei.* « Quand il s'agit d'une universalité de biens et de droits » universels, dit Renusson dans son *Traité de la Subro-* » *gation,* Chap. 1er, s'il y a quelqu'une des choses com- » prises dans l'universalité de biens qui ait été changée » et qui ait été convertie en une autre chose, la nouvelle » succède aux lieu et place de l'ancienne qui a été con- » vertie et qui lui est subrogée : elle appartient à celui » qui a l'universalité de biens, c'est-à-dire à l'héritier et » successeur qui est subrogé de droit à celui auquel il a » succédé. » Or, dans l'espèce, c'est à titre successif et en qualité d'héritier que l'ascendant est appelé à exercer le retour successoral, et c'est une universalité de biens qu'il est appelé à recueillir ; conséquemment, il peut invoquer le bénéfice de la subrogation et reprendre les choses acquises avec celles par lui données. Du reste, ajoute-t-on, l'article 132 fournit en ce sens un argument d'analogie, lorsqu'il décide que l'absent qui reparaît recouvre ses biens dans l'état où ils se trouvent, le prix de ceux qui ont été aliénés et les biens provenant de l'emploi du prix de ses biens vendus. Enfin, on présente encore, à l'appui de cette doctrine, un argument *a for-tiori*, tiré de ce que la loi appelle l'ascendant à succéder au prix encore dû. On dit : si l'ascendant peut succéder à un droit de créance, à plus forte raison doit-il pouvoir succéder à la chose acquise, laquelle représente la chose donnée d'une manière plus directe et plus évidente qu'une créance de deniers.

Ainsi, en résumé, on part d'une idée de subrogation et l'on dit : Lorsqu'il est clairement établi que la chose acquise l'a été avec celle qui a été donnée, l'ascendant doit la reprendre comme il aurait repris la chose donnée si elle existait encore.

Certaines personnes s'arrêtent là ; mais il en est d'autres qui vont plus loin. Elles admettent le retour même dans le cas où l'ascendant a donné une somme d'argent ou des denrées, si dans la succession du donataire il se trouve de l'argent ou des denrées de même qualité que celles qui ont été données.

Pour soutenir cette extension du droit de l'ascendant, on part de ce principe, que l'argent et les denrées rentrent dans la catégorie des choses *quæ pondere numero mensurave constant*, et que la loi appelle *fongibles*, c'est-à-dire susceptibles d'être remplacées les unes par les autres : *aliæ aliarum vice funguntur*. Pour ces sortes de choses, dit-on, le genre tient lieu de l'espèce, il la représente ; et dès lors, tant que le genre existe, les choses données existent elles-mêmes et elles existent en nature ; *tantumdem est idem*. Si donc on retrouve, dans la succession du donataire, des sommes d'argent ou des denrées de même qualité que celles qui ont été données, elles doivent être présumées les mêmes que celles qui ont fait l'objet de la donation, sauf aux héritiers du donataire à faire la preuve contraire. Il est vrai qu'on peut objecter que s'il s'est écoulé un certain temps entre la donation et le décès du donataire, on risque de faire reprendre à l'ascendant une somme qui provient peut-être des économies ou du travail de ce donataire, et qui n'est point du tout la chose donnée. Mais il faut répondre, dit-on, que si le donataire n'avait pas reçu de son ascendant la somme dont il s'agit, soit 10,000 francs par exemple, il y aurait dans la succession 10,000 francs de moins, et qu'alors de deux choses l'une : ou la somme qui se retrouve est la somme donnée, ou bien elle la représente. Si elle est la somme donnée, pas de doute possible, le retour doit avoir lieu ; si, au contraire, elle ne fait que la représenter, le retour doit également s'ouvrir puisqu'elle est du même genre que celle donnée. On ajoute encore que, s'il n'en était pas ainsi, le retour du numéraire ou des denrées ne pourrait presque jamais avoir lieu, car il serait toujours impossible d'établir l'identité matérielle. (Conf. Chabot, art. 747, n° 22 ; — Merlin, *Rép.*, v° *Réserve*, Sect. II, § II, n° 3 ; — Malleville, art. 747 ; — Malpel, n° 135 ; — Vazeille, art. 747.)

Enfin on rencontre d'autres personnes qui, allant plus loin encore, décident que le retour doit s'ouvrir dans le cas où, l'ascendant ayant donné une somme d'argent, il ne se retrouvera, dans la succession du donataire, que

des obligations, des billets ou des effets publics, et réciproquement.

Pour soutenir cette solution, on prétend que l'on doit
assimiler à du numéraire les obligations, billets et effets
publics. On doit, dit-on, considérer le possesseur du
titre comme ayant l'argent en nature ; ce qui, du reste,
serait conforme à la loi 145, D., *De verborum signifi-
catione*, qui dit : *Id apud se quis habere videtur, de quo
habet actionem : habetur enim quod peti potest*. Puis,
cette assimilation étant ainsi faite, on reproduit le raisonnement qui précède sur la fongibilité des choses.

« S'il en était autrement, a dit la Cour de Rouen
» dans son arrêt du 11 janvier 1816, ce serait rendre
» illusoires les dispositions de l'article 747 ». Ce sentiment a été partagé par la Cour de Cassation, dans son
arrêt du 30 juin 1817, rejetant le pourvoi formé contre
l'arrêt précité. « Attendu, a-t-elle dit, que dans l'espèce
» il est jugé en fait par l'arrêt attaqué, que les 50,000
» francs donnés par Lemarchand père à son fils se sont
» trouvés dans la succession de ce dernier, et qu'en
» jugeant en droit que cette même somme, *quoique
» composée tout à la fois d'argent, effets de commerce
» et obligations valant numéraire*, s'y était trouvée *en
» nature*, et qu'en ne mettant pas de distinction entre
» ces valeurs, qui, dans l'état actuel de notre législation,
» n'en reçoivent aucune dans l'usage*, la Cour royale
» de Rouen n'a pas violé la loi, mais n'a fait, au con-
» traire, qu'une juste application de l'article 747. —
» Rejette ».

Essayons maintenant de réfuter cette théorie.

Et d'abord, le principe de subrogation sur lequel on s'appuie nous paraît erroné. Si le législateur appelle l'ascendant à succéder au prix, ce n'est point du tout parce que le prix est subrogé à la chose, mais c'est, comme nous l'avons dit, par une application étendue de la règle qu'il vient de poser dans la première partie de son article 747, et par laquelle il exige que les objets donnés se retrouvent en nature dans la succession. On nous objecte, il est vrai, que si le donataire a renoncé à son action en résolution, le prix n'en fera pas moins retour à l'ascendant, et on en conclut que la loi n'a pas pu être guidée par cette idée que la chose pouvait se retrouver encore en nature dans la succession, mais bien par une idée de subrogation. Cet argument ne nous paraît pas de nature à pouvoir nous arrêter, et voici pourquoi : c'est parce qu'il se fonde sur une hypothèse tout à fait spéciale et complétement exceptionnelle. En effet, il arrivera rarement qu'un vendeur renonce à son action en résolution ; une telle renonciation constitue un fait anormal auquel le législateur n'a certes pas pensé. Il n'a dû avoir en vue que les cas les plus fréquents, c'est-à-dire ceux dans lesquels l'action en résolution subsiste. Autrement, il faudrait dire qu'il a basé sa disposition sur un esprit dont le point de départ serait en contradiction avec le *quod plerumque fit*, ce qui est inadmissible. Après tout, du reste, il n'y a rien d'extraordinaire de voir une disposition générale s'appliquer à une hypothèse spéciale qui n'est pas entrée dans l'esprit du législateur. Mais il y a plus, cette idée de subrogation n'est pas satisfaisante, car si l'on admet que le prix soit subrogé à la chose, on peut se trouver en contradiction avec le texte précis de l'article 747, qui n'appelle l'ascendant à succéder au prix que lorsqu'il est encore dû. En effet, supposons que le prix ait été payé, mais qu'il soit resté aux mains du notaire chargé de le toucher, admettra-t-on que l'ascendant pourra le reprendre? Pour être logiques, nos adversaires doivent répondre affirmativement, puisque ce prix ayant été subrogé à la chose, se retrouve en nature d'une manière distincte et sans confusion aucune dans la succession. Et pourtant, une telle solution serait contraire au texte de notre article, qui déclare le droit de l'ascendant éteint une fois que le prix a été payé.

Quant à l'action en reprise, les partisans du système de subrogation s'en emparent pour nous dire : Mais cette action peut avoir pour conséquence de faire reprendre par l'ascendant une chose autre que la chose donnée; donc, disent-ils, la loi a dû forcément partir d'une idée de subrogation. Nous leur répondons : non; pas plus ici qu'à propos du prix il n'y a eu d'idée de subrogation dans l'esprit du législateur. S'il a fait succéder l'ascendant à l'action en reprise, c'est parce qu'une semblable action tend en général à faire rentrer le bien dans le patrimoine d'où il était sorti, et que, dès lors, ce bien peut jusqu'à un certain point être considéré comme en faisant encore partie. Et lorsque cette action a pour résultat de remettre aux mains de l'ascendant,

une chose autre que celle qui en est sortie par l'effet de
la donation, il faut, ainsi que nous l'avons dit plus haut,
examiner ce qui s'est passé en fait. Or nous avons vu
qu'en pareil cas, ce dont le donataire a été gratifié, ce
n'est pas de la chose qui est sortie des mains de l'ascendant, mais bien de l'action en reprise de cette chose.
Conséquemment, c'est à tort que l'on dit que l'ascendant
succède à une chose autre que celle donnée ; il n'avait
gratifié son donataire que d'une action en reprise, il
succède à cette action. Donc ici encore il n'y a pas
place pour le système de subrogation.

Si maintenant l'on suppose pour un instant, ce que
nous n'admettons pas, qu'il y ait subrogation pour le
prix et pour l'action en reprise, on peut dire aux partisans de l'opinion adverse : Les subrogations sont de
droit étroit, vous ne pouvez les étendre d'un cas à un
autre ; conséquemment votre doctrine est inadmissible.
A cela ils se hâtent de répondre que cette objection ne
porte pas, parce que, disent-ils, il s'agit non pas d'une
subrogation réelle, mais d'une subrogation personnelle,
subrogation ayant pour effet de substituer une personne
dans tout l'ensemble des droits d'une autre. Ainsi,
selon eux, l'ascendant étant appelé à recueillir une
universalité de biens, la subrogation doit avoir lieu.
Mais ils ne prennent pas garde que l'ascendant ne suc-
cede pas à une universalité de biens, qu'il ne recueille
qu'un ensemble de biens déterminés par la donation. En
un mot, il semblent oublier qu'il est, comme disait
Ferrière, successeur *in re singulari*. Ce nouvel argu-

ment est donc inexact ; conséquemment il doit être rejeté comme les autres.

Outre les arguments qui précèdent, on nous en oppose encore d'autres ; ainsi, on nous en présente un tiré par analogie de l'article 132. Nous y répondrons en disant, que nous sommes dans une matière d'exception qui ne peut comporter un argument de cette nature, sans risquer de tomber dans l'arbitraire ; que, du reste, l'analogie qu'on prétend voir entre les deux textes n'existe pas, puisque l'article 747 limite le droit de reprise de l'ascendant 1° aux objets donnés qui se retrouvent *en nature* dans la succession ; 2° au prix encore dû ; 3° à l'action en reprise que pouvait avoir le donataire ; tandis que l'article 132 ne comporte aucune limitation de cette nature. En un mot, il ne nous paraît pas possible qu'on puisse étendre par analogie un droit exceptionnel, surtout lorsque, nous ne saurions trop le répéter, cette analogie n'existe pas. Quant à l'argument *a fortiori* consistant à dire que si l'ascendant peut succéder à une créance de deniers, il doit à plus forte raison pouvoir succéder à la chose acquise, qui représente la chose donnée bien mieux qu'une créance de deniers, nous n'en sommes pas touchés. En effet, si la loi appelle l'ascendant à succéder au prix encore dû, ce n'est pas parce que ce prix représente la chose donnée, mais c'est, comme nous l'avons déjà dit plusieurs fois, parce que l'action en résolution peut remettre la chose en nature dans la succession. L'argument *a fortiori* pèche donc par sa base.

Ajoutons à tout ce que nous venons de dire, que la doctrine que nous combattons viole de la manière la plus manifeste et la plus formelle le texte de l'article 747, qui exige que les objets donnés se retrouvent *en nature* dans la succession. Dans notre opinion au contraire, ce texte est complétement respecté. Selon nous, interpréter l'article 747 comme le font les partisans du système de subrogation, ce n'est pas interpréter la loi, c'est la faire, c'est usurper le rôle du législateur.

Passons maintenant à l'opinion de ceux qui, acceptant la doctrine que nous combattons, vont jusqu'à dire que quand l'objet de la donation a consisté en argent ou en denrées, le retour doit avoir lieu s'il se retrouve dans la succession du donataire de l'argent ou des denrées de même qualité que celles qui ont été données.

Ils ont la prétention de s'appuyer, comme nous l'avons vu, sur la théorie des choses *fongibles*. Pour eux, l'argent, les denrées, en un mot, toutes les choses *quæ numero pondere mensurave constant* sont *choses fongibles* d'après leurs qualités naturelles ; pour eux, *tantumdem est idem*. Cette manière de raisonner n'est point exacte. En effet, ce n'est pas d'après la nature des choses, mais d'après l'intention des parties, qu'une chose est ou n'est pas fongible. Ainsi, telle somme d'argent remise à un emprunteur pour ses besoins sera chose fongible, tandis qu'elle sera chose non fongible si elle est remise à un commodataire, à un changeur par exemple, pour l'étaler dans la montre de sa boutique. Il n'est donc pas juste de dire qu'une pièce de cinq francs en représente toujours une autre; ce sera vrai toutes les fois que les parties l'auront considérée comme quantité; ce sera inexact lorsqu'elles l'auront considérée comme corps certain. La théorie des choses fongibles, telles que la présentent nos adversaires rendrait, du reste, complétement inapplicable l'art. 1238, qui dit que le créancier qui a reçu une somme en argent ou une autre chose qui se consomme par l'usage, et qui l'a consommée de bonne foi, n'est pas tenu de la rendre. En effet, d'après le système adverse, ce créancier devrait toujours rendre, car il pourrait toujours avoir des choses ou des espèces équivalentes à celles qu'il a reçues. Or, en présence de cet article 1238, une telle solution serait inacceptable. Tenons donc pour certain, que c'est l'intention des parties et non la qualité naturelle d'une chose, qui lui donne ou lui enlève le caractère de chose fongible (1).

Ce point étant constant, quelle a été la pensée du législateur dans l'article 747 ? A-t-il entendu parler des choses considérées comme quantités ou comme corps certains? Le doute n'est pas possible sur ce point; il n'a certainement pas entendu parler des choses considérées comme quantités; cela résulte clairement de l'expression dont il se sert, lorsqu'il nous dit que les choses doivent se retrouver *en nature* dans la succession. S'il eût admis le système que

(1) On pourrait croire que le mot *fongible* serait la traduction de *fungibilis*, qui dériverait lui-même du verbe *fungi*. Ce serait une erreur; jamais les Romains n'ont employé le mot *fungibilis*, qui est un véritable barbarisme.

nous combattons, il eût employé les termes dont il s'est servi dans l'article 1892; il eût dit : Lorsqu'il se retrouvera des choses *de même espèce et qualité*. Mais loin de là, il emploie les mots *en nature*, que nous retrouvons dans l'article 1915, où il exige la restitution de la chose elle-même *in specie*. Par cette expression tranchante, il entend donc repousser de la manière la plus formelle toute espèce d'équivalents. Donc, dans l'espèce dont s'agit, le retour ne peut avoir lieu. Lorsque nous objectons à nos adversaires qu'après un long temps écoulé, ils risquent d'attribuer à l'ascendant une somme qui provient peut-être du travail ou de l'industrie du donataire et qui n'est pas la chose donnée, ils nous répondent par un dilemme qui ne réfute en aucune façon notre objection. Ainsi, ils nous disent : Si l'ascendant n'avait rien donné, il y aurait en moins dans la succession du donataire une somme égale à celle donnée ; or, cette somme qui se retrouve en plus doit être attribuée à l'ascendant, parce que de deux choses l'une : ou elle n'est rien autre que la somme donnée, alors pas de difficulté, ou elle la représente, et alors, étant du même genre qu'elle, le retour est possible. Cette réponse est loin d'être satisfaisante ; en effet, d'une part, ainsi que nous venons de le dire, l'article 747 considère les choses dans leur individualité ; il les envisage comme espèce et non comme quantités, ce qui exclut toute représentation d'une chose par un autre, en un mot, tout équivalent. D'autre part, rien ne prouve que la somme dont il s'agit soit celle que l'ascendant a donnée. Il peut se faire que le donataire ait dissipé la somme qui avait été l'objet de la libéralité ; qu'il soit tombé dans un état d'insolvabilité notoire et qu'il ait ensuite rétabli sa fortune. Pourquoi donc et à quel titre faire reprendre à l'ascendant la somme dont il s'agit ? Pourquoi établir une présomption en sa faveur, et obliger, contrairement aux principes, les héritiers à faire une preuve presque toujours impossible ? Rien dans la loi ne justifie une pareille solution; au contraire, elle se trouve en contradiction complète avec le texte de la loi, qui veut que les objets donnés se retrouvent *en nature* dans la succession.

On nous dit, à la vérité, qu'avec notre système d'identité, le retour n'aura presque jamais lieu lorsque la chose donnée consistera en une somme d'argent, en denrées ou en créances qu'un payement sera venu éteindre avant le décès du donataire. Nous le reconnaissons, mais nous ne pouvons aller contre le texte de la loi, car il est des plus formels. Du reste, nous l'avons vu précédemment, il en était ainsi sous l'empire de l'ancien droit, du moins dans l'opinion de certaines personnes, d'après ce que nous dit Lebrun (liv. Ier. Ch. V, Sect. XI, n° 48). Pourquoi donc en serait-il autrement aujourd'hui, alors que nous avons un texte des plus précis ? Selon nous, le retour ne pourra avoir lieu pour les denrées que dans les cas où elles se retrouveront *in specie;* pour le numéraire, que dans le cas où le donataire ne s'en sera pas dessaisi, ou l'aura placé en dépôt chez un tiers; pour les créances, que dans le cas où elles n'auront pas été remboursées, ou lorsqu'ayant été transportées, le prix n'en aura pas été payé (1).

Nous arrivons enfin au système adopté par la jurisprudence, et qui consiste à mettre sur la même ligne, argent, billets et effets publics. Cette assimilation est la négation la plus formelle de la condition d'identité qu'exige la loi ; car, avec elle, vous arrivez à faire succéder l'ascendant à des choses autres que les choses données. Ainsi il aura donné de l'argent, vous lui rendrez des billets, et *vice versâ*. Qu'on ne dise pas que ces billets valent de l'argent parce qu'ils peuvent servir à s'en procurer. Une telle assertion serait inexacte, car les signatures dont ils sont revêtus peuvent être celles de gens insolvables. Vous vous exposez donc à faire reprendre par l'ascendant, tantôt plus, tantôt moins qu'il n'a donné ; et en outre, vous risquez, nous ne saurions trop le répéter, de le faire succéder à des choses autres que celles qu'il a données. Aussi ce point n'a pas échappé à certaines personnes qui adoptent la théorie que nous avons repoussée. Elles ont cru devoir exiger que l'ascendant rapportât la preuve que les sommes qu'il a données ont servi à créer les valeurs qu'il réclame. Mais nous n'acceptons pas ce tempérament, parce qu'il repose sur l'idée de subrogation que nous avons repoussée.

Ainsi, pour résumer cette discussion, dans laquelle

---

(1) Ces solutions sont rigoureuses, nous avouons franchement que nous regrettons d'être obligé de les donner ; mais la loi est si formelle qu'il n'y a pas à hésiter. Ce sera le cas de dire bien souvent : *dura lex, sed lex.*

on trouvera peut-être que nous avons été un peu pro-
lixe, nous dirons :

L'article 747, en exigeant que les objets donnés se
retrouvent en nature dans la succession du donataire,
ne comporte en lui-même aucune idée de subrogation.
Le législateur, dans ce texte, a entendu exclure toute
espèce d'équivalent; il veut que les choses données se
retrouvent *identiquement*, *in specie*, dans la succession ;
et ce n'est que par une application étendue de cette
règle, qu'il appelle l'ascendant à succéder au prix encore
dû et à l'action en reprise.

Examinons maintenant d'autres questions sur lesquelles on n'est pas d'accord.

D'après notre texte, le retour s'évanouit par l'aliénation des objets donnés, sans qu'il y ait à distinguer
entre les aliénations à titre onéreux et les aliénations à
titre gratuit. Si donc, le donataire fait à son tour donation
entre vifs de la chose qui a fait l'objet de la libéralité de
l'ascendant, et qu'il n'y ait pas, bien entendu, de révocation possible, le retour est complétement anéanti.
Mais en est-il de même en cas de donation testamentaire ? Il faut répondre oui, sans hésiter. La Cour d'Agen
a cependant consacré la doctrine contraire par arrêts des
13 mars 1817 et 11 décembre 1827, en se fondant sur
ce que la chose léguée se retrouvait en nature dans la succession; mais une semblable théorie doit être repoussée
comme contraire aux principes. En effet, à quel titre
l'ascendant réclame-t-il? C'est à titre d'héritier légi-
gitime; or, en cette qualité, il ne peut prétendre à la

succession *ab intestat* qu'autant qu'il n'y a pas de succession testamentaire, et précisément dans l'espèce, il se trouve en face d'une semblable succession. Il n'y a donc plus de succession *ab intestat;* dès lors on ne comprend pas comment on peut dire que les objets donnés s'y retrouvent en nature. Il en serait de même si le donataire n'avait légué qu'une partie des objets donnés; l'ascendant ne pourrait prétendre qu'à ceux dont le donataire n'aurait pas disposé par son testament; car, appelé en qualité d'héritier, il doit supporter les charges de la succession et acquitter les legs purs et simples ou conditionnels qui frappent la succession qu'il recueille (1). Du reste, le donataire était propriétaire plein et entier des objets donnés, en conséquence il pouvait en disposer à sa volonté. Bien plus, personne ne doute que s'il l'avait fait par donation entre vifs, le droit de l'ascendant n'eût été irrévocablement éteint; or, la loi, dans l'article 711, met sur la même ligne la donation entre vifs et le testament; donc, si le donataire dispose par testament des objets donnés, le retour s'évanouit comme s'il en avait disposé par donation entre vifs. Ajoutons que notre solution était enseignée dans l'ancien droit (Lebrun, liv. Ier, Chap. V, Sect. II, n° 67; — Ricard, *Traité des Donations*, Partie III, n°s 768 et suivants). Aujourd'hui cette question ne paraît plus devoir faire doute. (Conf. 17 décembre 1812, Rej. — 12 février 1824, Riom; — 31 mai 1825, Montpellier; —

(1) Voir page 124 la distinction qu'il faut faire entre les legs de corps certains, les legs de quantité et les dispositions universelles et à titre universel.

30 juillet 1828, Besançon ; — 8 avril 1829, Grenoble ; — 16 mars 1830, Cass. ; — 15 avril 1831, Bordeaux ; — 2 janvier 1838, Cass ; — 2 avril 1840, Lyon ; — 14 février 1855, Cass ; — Chabot, art. 747, n° 20 ; — Toullier, tome IV, n° 234 ; — Duranton, tome VI, n° 223-227 ; — Vazeille, art. 747, n° 7 ; — Malpel, n° 136 ; — Marcadé, art. 747, n° 5 ; — Massé et Vergé sur *Zachariæ*, tome II, p. 291 ; — Demolombe, *Traité des Successions*, tome Ier, n° 521 ; — *Contra*, Agen, 13 mars 1817 et 11 décembre 1827 ; — Benoît, *Traité de la Dot*, tome II, n° 107.)

Lorsque le donataire a aliéné les objets donnés, et qu'ils sont ensuite rentrés dans son patrimoine à un titre nouveau, comme, par exemple, par achat, donation, succession ou autrement, l'ascendant peut-il prétendre au retour ? Pour soutenir l'affirmative, on invoque cette partie de notre texte qui dit que les objets donnés doivent se trouver en nature dans la succession. Or, dit-on, dans l'espèce ils se retrouvent en nature ; donc le retour doit avoir lieu. Du reste, ajoute-t-on, l'esprit de la loi commande cette solution. En effet, si le retour successoral ne s'ouvre pas lorsque les biens donnés ont été aliénés, ce n'est que parce que le législateur a voulu protéger les tiers. Or, au cas qui nous occupe ce motif n'existant plus, les biens donnés doivent retourner à l'ascendant. Décider autrement serait aller contre l'intention du législateur. (Vazeille, art. 747, n° 23 ; — Toullier, tome IV, n° 233 ; — Duranton, tome VI, n° 232.)

Mais nous repoussons cette opinion. Selon nous, le retour est impossible; et pour le démontrer nous nous fondons, d'une part, sur le texte de l'article 747, et, d'autre part, sur l'ancien droit. Que dit en effet l'article 747 ? « Les ascendants succèdent aux choses *par eux données. . . . . . .* lorsque les *objets donnés* se retrouvent *en nature* dans la succession. » Ainsi, deux conditions doivent concourir d'après le prescrit de la loi; il faut : 1° que la chose se retrouve dans la succession à titre de chose *donnée;* cela ne fait aucun doute en présence du soin que prend la loi de répéter les mots *choses données, objets donnés;* 2° qu'elle s'y retrouve en nature. Or, au cas particulier, la chose se retrouve bien en nature, mais elle ne se retrouve pas à titre de chose *donnée;* elle ne se retrouve qu'à titre de chose *achetée* ou de chose *héréditaire.* L'une des deux conditions dont le concours simultané est nécessaire n'est pas remplie; donc, le retour ne peut avoir lieu. A cet argument qui nous semble ne pas souffrir de réplique, vient se joindre l'autorité de l'ancien droit. Sous l'empire de notre législation coutumière, l'ascendant, dans notre espèce, ne pouvait prétendre au retour, car la chose avait perdu son caractère de *propre,* et par voie de conséquence, notons-le bien, son caractère de chose *donnée.* Or, on le sait, l'article 747 a consacré la jurisprudence de nos pays de coutumes. Donc, au cas qui nous occupe, le retour ne peut avoir lieu.

Que feraient, du reste, les partisans de l'opinion adverse dans l'hypothèse suivante : un père donne à son fils un immeuble ; ce dernier l'aliène ; puis, plus tard, son aïeul en devient propriétaire et lui en fait donation entre-vifs ? Nos adversaires seraient fort embarrassés ; car, si leur solution était exacte, ils se trouveraient en présence du père et de l'aïeul, dont les prétentions seraient également fondées. En effet, le père leur dirait : Vous exigez, pour que je puisse avoir droit au retour, que la chose se retrouve en nature dans la succession ; or, l'immeuble donné s'y retrouve ; donc, vous devez me l'adjuger. De son côté, l'aïeul pourrait tenir le même raisonnement. Auquel des deux donner la préférence? Dans l'opinion que nous soutenons, ce conflit n'existe pas ; l'aïeul seul peut prétendre au retour successoral, car lui seul peut dire : Cet immeuble se retrouve *en nature* dans la succession, et il s'y retrouve commé *chose donnée* par moi. (Chabot, art. 747, n° 21 ; — Merlin, V° *Réversion,* Sect. III ; — Malpel, n° 135 ; — Massé et Vergé, tome II, p. 291 ; — Marcadé, art. 747, n° 6 ; — Dalloz, *Rép. de Législ.*, v° *Successions*, n° 238 ; — Demolombe, *Traité des Successions,* tome Ier, n° 526.)

Il est une autre question que nous avons résolue par avance, en admettant plus haut le système de l'identité à l'encontre du système de subrogation. C'est celle de savoir, si l'ascendant peut exercer le retour successoral sur la chose acquise en échange de celle par lui donnée?

Ceux qui admettent la subrogation résolvent affirmativement la question, en reproduisant les arguments que nous connaissons et qu'il est inutile dès lors de développer à nouveau. Pour nous, qui exigeons que les objets donnés se retrouvent identiquement, *in specie*, dans la succession, le droit de l'ascendant a été irrévocablement éteint, au moment où l'échange a fait sortir le bien donné du patrimoine du donataire. Et qu'on ne vienne pas nous dire que si l'ascendant succède au prix encore dû, il doit à *fortiori* succéder à la chose acquise en contre-échange ; car, nous l'avons dit plus haut, cet argument pèche par sa base. Qu'on ne vienne pas non plus nous dire que l'objet acquis en contre-échange est le prix de l'autre ; car alors nous répondrions qu'aux termes de la loi, le prix étant payé, le droit de retour n'existe plus. Du reste, on peut ici se reporter à ce que nous avons dit, en présentant les deux théories qui existent sur l'interprétation de la disposition finale du premier paragraphe de notre article 747.

Lorsque l'ascendant exerce le retour successoral, il reprend les biens donnés tels qu'ils se comportent, sans indemnité à raison des détériorations survenues, même par le fait et la faute du donataire ; car ce dernier étant propriétaire plein et entier, il a pu faire ce que bon lui semblait. Mais *quid* au cas où le donataire, ayant fait des impenses, aurait amélioré la chose ? L'ascendant peut-il la reprendre sans indemnité, ou, au contraire, est-il obligé d'indemniser les héritiers venant à la succession ordinaire ? La question est controversée.

Pour soutenir la négative, on invoque l'article 747, qui, dit-on, ne fait aucune distinction entre la chose qui a été donnée et les accroissements qui sont venus l'augmenter. Tant pis pour l'ascendant si les biens ont été détériorés ; tant mieux pour lui s'ils ont été améliorés ; en d'autres termes, s'il est obligé de subir les mauvaises chances, il faut, par un esprit de justice et d'équité, le faire profiter des bonnes. On s'appuie, en outre, sur le principe *Accessorium sequitur principale* ; et l'on ajoute, enfin, que cette opinion a l'avantage de prévenir les difficultés que la fixation de l'indemnité pourrait faire surgir entre l'ascendant et les autres héritiers.

Nous nous rangeons à l'opinion contraire ; et voici les motifs sur lesquels nous nous fondons.

Aux termes de l'article 747, l'ascendant succède aux *choses par lui données*. Ce que la loi lui permet de reprendre, c'est ce qu'il a *donné* seulement, et rien de plus que ce qu'il a *donné*. Si donc on décidait qu'il ne doit aucune indemnité à raison des améliorations, on violerait la loi, car on lui attribuerait plus qu'il n'a *donné*. Il peut bien recevoir moins, c'est vrai, mais il ne peut jamais recevoir plus, sous peine de dépasser la volonté du législateur. Or, l'opinion adverse aboutit à ce résultat. De plus, elle est en contradiction avec notre grand principe d'équité, d'après lequel personne ne doit s'enrichir aux dépens d'autrui ; *cum damno alterius nemo locupletari debet* ; en effet, si l'ascendant reprenait la chose sans indemnité, il ferait un gain au détriment des héritiers de la succession ordinaire. S'il n'en était pas ainsi, c'est-à-dire si l'ascendant ne devait pas d'indemnité, il faudrait, d'après l'opinion contraire, dans le cas où le donataire d'un terrain d'une valeur de 1,000 francs, par exemple, y aurait élevé des constructions énormes valant 200,000 francs, aller jusqu'à dire que l'ascendant exercerait son droit de retour sans aucune indemnité. Or, nous le demandons, une semblable solution ne blesserait-elle pas souverainement l'équité? Évidemment si; dès lors, qu'on n'invoque donc pas l'équité dans l'opinion que nous combattons. Quant à l'argument tiré de la maxime *Accessorium sequitur principale*, il ne nous paraît avoir aucune portée au cas particulier, en présence du texte formel de la loi, qui, en admettant l'ascendant à ne succéder qu'à ce qu'il a donné, l'exclut par voie de conséquence pour les accroissements, qui ne proviennent que du patrimoine du donataire et non de la libéralité de l'ascendant. Enfin, si l'on nous dit que le système adverse a l'avantage de prévenir des difficultés, nous répondons que cette considération, si grave qu'elle soit, ne peut faire fléchir la disposition de la loi.

Comme conséquence de notre opinion, nous arrivons à décider : 1° que l'ascendant doit une indemnité à raison des impenses utiles faites par le donataire sur le fonds, mais jusqu'à concurrence seulement de la plus-value; 2° qu'il doit rembourser intégralement les impenses nécessaires; c'est-à-dire celles faites pour la conservation de la chose ; 3° qu'il ne doit rien pour les dépenses voluptuaires, sauf aux héritiers de la succession ordinaire à enlever ce qu'ils pourront, sans détériorer la chose donnée ; 4° que si le fonds est ensemencé lorsque le retour s'ouvre, l'ascendant doit les frais de semences et de labours, conformément à l'article 548. (Conf. Chabot, art. 747, n° 25 ; — Duranton, tome VI, n° 246 ; — Marcadé, art. 747, n° 7 ; — Massé et Vergé, tome II, p. 289 ; — Vazeille, art. 747, n° 21 ; — *Contra* Demolombe, *Traité des Successions,* tome Ier, n° 559.)

Mais l'ascendant devra profiter sans indemnité des augmentations et accroissements naturels survenus par l'alluvion ou par la formation d'îles dans les rivières non navigables ni flottables ; car ces augmentations n'ont rien coûté au donataire.

Revenons maintenant à la disposition de la loi relative au prix des objets aliénés et à l'action en reprise.

Et d'abord, en ce qui touche le prix, nous avons très-peu de choses à dire ; car, d'une part, nous connaissons les motifs qui ont inspiré la loi sur ce point ; et, d'autre part, nous savons que le retour s'évanouit par le payement du prix des objets aliénés. Ainsi, l'ascendant n'a droit qu'au prix encore dû, ou à la partie du prix encore due, quelles que soient, du reste, les choses qui composent ce prix ; peu importe qu'il ait été stipulé en argent, en denrées ou en marchandises, la loi ne fait aucune distinction. Toutefois, on peut se demander s'il en serait ainsi au cas où il consisterait en une rente ? Marcadé (art. 747, n° 8) décide que le retour successoral ne s'ouvrira pas, parce que, dit-il, le prix est payé et l'aliénation consommée, lorsque le droit de rente est établi et entré dans le patrimoine du donataire. M. Dalloz (Rép. de Jurisp. v° *Successions*, n° 244) enseigne la même doctrine. « Dans ce cas, dit-il, on ne peut pas dire que le prix de l'aliénation soit dû ; il ne faut pas confondre la rente et les arrérages. Elle est le titre ou le principe producteur et les arrérages en sont les produits ». Cependant, nous ne partageons pas cette opinion ; nous croyons, au contraire, que, dans l'espèce, le retour doit avoir lieu, soit qu'il s'agisse d'une rente perpétuelle, soit qu'il s'agisse d'une rente viagère.

En effet, en ce qui touche la rente perpétuelle, c'est à tort, pensons-nous, que l'on prétend que le prix est payé et l'aliénation consommée ; car si le débiteur manque de payer les arrérages, le crédit-rentier peut, aux termes de l'article 1184, demander la résolution du contrat et rentrer dans la propriété de l'immeuble aliéné. L'aliénation n'est donc pas définitive ; le prix n'est donc pas réellement payé comme on veut le prétendre. Donc, l'ascendant peut exercer son droit de retour sur ce prix, qui consiste en une rente au lieu de consister en argent. Ajoutez à cela, que les motifs qui ont dicté la disposition de l'article 747, existent dans notre espèce, et que, dès lors, notre solution est conforme à l'esprit de la loi. Toutefois, notons bien que nous raisonnons dans l'hypothèse où la rente est le prix direct de l'aliénation ; car si ce prix avait d'abord été déterminé en argent, puis converti en rente postérieurement au contrat de vente, cette novation aurait eu pour effet d'éteindre irrévocablement le droit de l'ascendant. (Conf. Chabot, art. 747, n° 18 ; — Vazeille, art. 747, n° 20 ; —

Demolombe, *Traité des Successions*, tome I", n° 527.)

En ce qui touche la rente viagère, nous répondons : L'opinion adverse conduit à cette conséquence, qu'elle place les arrérages échus après le décès du donataire, sur la même ligne que les intérêts de la somme d'argent qui aurait été versée entre ses mains. Or, cette assimilation entre les arrérages et les intérêts, exacte en matière d'usufruit (588), devient inexacte si on veut la généraliser. Les arrérages de la rente viagère ne peuvent être considérés comme de simples intérêts, parce qu'au fur et à mesure qu'on les perçoit, la rente s'éteint partiellement; si bien que quand on a perçu tous les arrérages qu'elle était susceptible de produire, elle est définitivement éteinte. L'ensemble des arrérages de la rente représente donc le capital entier. En conséquence, si, au décès du donataire, la rente n'est pas éteinte, les arrérages restant à percevoir jusqu'à son extinction représentent une portion du capital; ils constituent en quelque sorte le reliquat du prix de vente, et partant, l'ascendant peut en exercer le retour.

Nous permettrons également à l'ascendant d'exercer le retour sur l'indemnité qui pourrait être due au donataire, par suite d'une expropriation pour cause d'utilité publique. Cette indemnité n'est, en effet, rien autre qu'un prix dû à raison d'une aliénation forcée. Du reste, l'article 18 de la loi du 3 mai 1841 ne laisse aucun doute sur ce point, lorsqu'il nous dit, à propos des actions en résolution, en revendication et autres ; « Le droit des réclamants sera transporté sur le *prix* ». Au surplus, on peut lire la discussion de la loi dan la séance de la Chambre des députés, du 1ᵉʳ mars 1841, et on sera convaincu que le législateur a entendu considérer cette indemnité comme un prix de vente. Mais que décider dans le cas où, l'immeuble ayant péri par suite d'incendie, une indemnité est due par une compagnie d'assurances ? L'ascendant pourrait-il prétendre au retour ? Nous ne le pensons pas. En effet, cette indemnité n'est due que par suite d'un contrat d'assurances ; elle n'est pas un prix de vente. On ne se trouve donc pas dans les termes de la loi, qui ne parle que du prix des objets aliénés ; dès lors, le retour ne peut avoir lieu.

Arrivons à l'action en reprise.

Sans prétendre en donner ici une définition complète, nous dirons, cependant, qu'on désigne ainsi toute action qui est de nature à faire rentrer un bien dans le patrimoine de celui auquel elle appartient. Nous avons vu comment la loi avait été amenée à décider que l'ascendant y succéderait ; il nous reste maintenant à entrer dans quelques détails.

Et d'abord, cette action peut prendre naissance, soit par suite d'une aliénation résoluble, soit par suite d'une aliénation sujette à rescision, soit même autrement.

I. — *Actions en reprise naissant à l'occasion d'une aliénation résoluble.* — Dans cette catégorie, nous pouvons ranger les actions suivantes : 1° L'action en résolution pour défaut de payement du prix, lorsque le donataire a vendu la chose à lui donnée, et que l'acheteur ne paye pas son prix ; 2° l'action en réméré, 3° l'action en révocation de la donation que le donataire aurait faite des biens à lui donnés, soit pour cause d'inexécution des conditions, soit pour cause d'ingratitude .du deuxième donataire ; 4° l'action par laquelle l'ascendant réclamerait du second donataire les biens donnés au premier, et cela, en fondant sa réclamation sur la survenance d'un enfant à ce dernier ; étant supposé, bien entendu, que cet enfant n'a pas survécu à son père premier donataire, car sa survivance aurait éteint le droit de l'ascendant. Toutes ces actions tendent à faire rentrer le bien dans le patrimoine d'où il était sorti ; elle constitue des actions en reprise prenant naissance par suite d'une aliénation résoluble ; l'ascendant y succède et peut les exercer.

II. — *Actions en reprise naissant à l'occasion d'une aliénation sujette à rescision.* — Nous pouvons ranger dans cette catégorie : 1° L'action en rescision pour cause de lésion qui compéterait au donataire, dans le cas où il aurait vendu à vil prix l'immeuble à lui donné, sauf, bien entendu, pour l'acquéreur, le droit d'user du bénéfice que lui accorde l'article 1681, c'est-à-dire de garder l'immeuble en payant le supplément du juste prix, sous la déduction du dixième du prix total ; 2° les actions en rescision pour cause d'erreur, de dol ou de violence ; 3° les actions en nullité pour vice de forme ou incapacité. Toutes ces actions constituent encore des actions en reprise auxquelles l'ascendant est appelé à succéder.

III. — *Actions en reprise autres que celles qui précèdent.*
Tout ce que nous venons de dire rentre parfaitement
dans la définition que nous avons donnée de l'action
en reprise ; mais, ainsi que nous l'avons fait remarquer, nous n'avons pas entendu donner une définition
limitative, car il est une action en reprise qui, dans
certains cas, peut avoir pour effet de mettre aux mains
de l'ascendant un bien autre que celui qui en était
sorti. Nous voulons parler de cette action que la loi
donne à l'un des conjoints, à l'effet d'opérer la reprise
dans le patrimoine de la communauté ou de son conjoint, soit d'un bien en nature, soit d'une autre valeur
équivalente. L'ascendant succédera à cette action aussi
bien qu'à celle dont nous avons parlé précédemment,
car la loi, en parlant de l'action en reprise, s'est ex-
primée d'une manière générale, et rien ne prouve
qu'elle n'ait entendu parler que des actions en reprise
nées à l'occasion d'une aliénation résoluble ou sujette
à rescision. Ainsi, nous appellerons l'ascendant à succéder : 1° à l'action que l'un ou l'autre des époux aurait contre la communauté, afin de se faire rendre les
valeurs qui lui appartiendraient en propre, et qui lui
auraient été données par son contrat de mariage ou
depuis ; 2° à l'action qui appartiendrait à la femme,
soit afin d'obtenir la restitution de sa dot dans les cas
des articles 1531, 1532 et 1564, soit afin d'opérer la
reprise de son apport franc et quitte dans le cas de
l'article 1514. De même, l'ascendant pourra exercer
sur la masse commune les reprises que l'époux dona-

taire avait le droit d'y exercer lui-même. Ainsi, conformément à l'article 1471, il reprendra : 1° Les biens par lui donnés qui ne seraient pas entrés en communauté. Toutefois, remarquons qu'ici nous ne rencontrons qu'une application de notre article 747, car le bien donné se retrouve en nature dans la succession ; 2° les biens acquis en remploi des biens donnés (1434, 1435) ; 3° le prix des immeubles donnés qui aurait été versé dans la caisse de la communauté, et dont il n'aurait pas été fait emploi. Et même lorsque l'ascendant agira du chef de la femme donataire, il pourra, en cas d'insuffisance de la communauté, exercer son action en reprise sur les biens personnels du mari, conformément à l'article 1472.

Ainsi que nous l'avons dit précédemment, les partisans du système de subrogation ont vu là, en faveur de leur doctrine, un argument qu'ils n'ont pas manqué de produire. Nous leur avons déjà répondu, en disant : que quand un ascendant donne à son enfant, par contrat de mariage ou depuis le mariage, une chose qui se trouve aliénée par l'effet des conventions matrimoniales de cet enfant donataire, l'ascendant ne l'a, en réalité, gratifié que d'une action en reprise. Et nous en avons conclu que si l'ascendant, en succédant à cette action, recueille des choses autres que celles sorties de ses mains, il ne succède cependant pas à des choses autres que celles données ; car ce qu'il a donné, c'est une action en reprise, et c'est précisément à cette action qu'il succède, action qui se retrouve *en*

nature dans la succession, conformément au système d'identé que nous avons admis. D'où il suit, comme conséquence, que dans l'hypothèse où la donation a été faite par contrat de mariage ou pendant le mariage, si le donataire a exercé l'action en reprise, par exemple au cas où la communauté aurait été dissoute par suite d'un jugement de séparation de biens, l'ascendant, au décès du donataire sans postérité, ne pourra pas prétendre au retour des biens dont ce dernier a opéré la reprise. En effet, ce qu'il a donné, c'est une action en reprise dont l'extinction est survenue par l'exercice qu'en a fait le donataire ; or, cette chose donnée ne se retrouvant plus *en nature* dans la succession, puisqu'elle a cessé d'exister, le retour n'est pas possible. — Dans un arrêt du 7 février 1827, la Cour de Cassation l'a ainsi décidé, dans une espèce où la fille donataire s'était fait séparer de biens et avait reçu un domaine en payement de sa dot. « Attendu, dit l'arrêt, qu'il a été re-
» connu et déclaré constant..... *que l'action en reprise*
» *avait été exercée par la donataire de son vivant ;*
» attendu que, dans cet état des choses, la Cour de
» Poitiers, loin d'avoir violé les dispositions de l'ar-
» ticle 747, s'y est, au contraire, expressément confor-
» mée en jugeant que le demandeur était mal fondé
» dans son action en relâchement des objets qui se
» trouvaient exister dans la succession de la donataire,
» *comme provenant de l'action en reprise qu'elle avait*
» *exercée* en suite de la séparation de biens qu'elle
» avait fait prononcer contre son mari ;—Rejette ».

(Dalloz, *Répertoire de Jurispr.* v° *Successsion* , n° 237.)

Dans le cas où la donation a été faite antérieure·
ment au mariage et autrement que par le contrat,
M. Demolombe décide que si les biens donnés tombent
en communauté par l'effet des conventions matrimoniales du donataire, le droit de l'ascendant est éteint.
Selon lui, « la donation a eu pour objet les valeurs
» elles-mêmes que l'ascendant donnait, et nullement
» une créance ou une action quelconque en reprise ;
» et le donataire, en les apportant ensuite à son ma-
» riage, les a irrévocablement aliénées. » (*Traité des
Successions*, tome Ier, n° 534.) Malgré l'autorité si grande
qui se rattache au nom de ce jurisconsulte, nous ne
pouvons le suivre jusque-là. Nous pensons que l'ascendant n'a pas perdu tout espoir de voir le bien lui
faire retour. Selon nous, l'aliénation n'est qu'éventuelle ;
et si par l'effet du partage, le bien donné se retrouve
en nature en tout ou en partie dans la succession du
donataire, l'ascendant pourra le reprendre à l'exclusion de tous autres. Mais qu'on le remarque bien,
nous voulons qu'il se retrouve *en nature,* autrement le
droit de l'ascendant serait éteint.

Disons enfin, pour terminer sur l'action en reprise,
que l'ascendant, en succédant à cette action, demeure
soumis à toutes les charges qui peuvent être la conséquence de son exercice. Ainsi, s'il s'agit d'une action en
réméré, il devra, s'il l'exerce, rembourser à l'acquéreur à pacte de rachat, non-seulement le prix principal,
mais encore les frais et loyaux coûts de la vente ; les

réparations nécessaires et celles qui ont augmenté la
valeur du fonds jusqu'à concurrence de cette augmentation, le tout conformément à l'article 1673. De même
si l'ascendant veut exercer une action en rescision pour
cause de lésion de plus des sept douzièmes, et que
l'acquéreur veuille rendre la chose, il devra restituer à
ce dernier le prix qui aurait pu être touché par le donataire vendeur. Mais *quid* dans le cas où l'ascendant
attaquerait une vente faite par le donataire en état
d'incapacité? Devrait-il rembourser à l'acheteur ce
que ce dernier aurait payé? Il faut user d'une distinction et répondre : oui, si le prix a tourné au profit de
l'incapable; non, si ce dernier n'en a retiré aucun
profit. Il ne serait pas juste, en effet, de rendre
l'action plus onéreuse aux mains de l'ascendant qu'aux
mains du donataire.

V

RAPPROCHEMENT ENTRE L'ARTICLE 747 ET LES PRINCIPES QUI RÉGISSENT LA RÉSERVE ET LA QUOTITÉ DISPONIBLE.

Nous arrivons à cette partie de notre sujet, dans laquelle nous devons rapprocher l'article 747 des règles qui régissent la réserve et la quotité disponible. Dans le cours de nos observations, nous nous rattacherons toujours au principe de la séparation du patrimoine en deux successions; l'une comprenant les biens *donnés*, l'autre tous les autres biens du *de cujus*. En ne perdant pas de vue ce principe, nous espérons arriver à des solutions exemptes d'erreur.

Et d'abord, avant tout, l'ascendant donateur peut-il prétendre à une réserve sur les biens donnés? Nous ne le pensons pas. En effet, l'article 747 ne permet à l'ascendant de succéder aux choses données qu'autant qu'elles se retrouvent *en nature* dans la succession. Si donc le donataire en a disposé, soit entre vifs, soit par testament, elles ne se retrouvent plus *en nature*; il n'y a plus de succession anomale possible pour l'ascendant. Du moment où il en est ainsi, il ne peut être question de réserve, car pour y prétendre droit, il faut être *héritier*; or, précisément, l'ascendant ne peut invoquer

cette qualité d'héritier, puisque sa succession s'est éva-
nouie. Du reste, la solution contraire serait la violation
la plus formelle du droit que la loi accorde à l'enfant
donataire de disposer irrévocablement des biens à lui
donnés; de plus, elle ferait succéder l'ascendant à des
choses qui n'existeraient plus en nature, ce qui est
inadmissible. MM. Massé et Grenier ont cependant
soutenu le droit de réserve de l'ascendant; ils sont
même allés jusqu'à le fixer à moitié, comme si l'ascendant représentait à lui seul deux lignes; mais leur
opinion doit être abandonnée, car elle est en contradiction flagrante avec les principes consacrés par la loi.
(Conf. MM. Duranton, tome VI, n° 227;—Aubry et Rau,
tome V, p. 125 et 126;—Vernet, p. 541 et 546;—Trop-
long, tome II, n° 816;—Demolombe, *Traité des Donations*, tome II, n° 125.)

Étant établi que l'ascendant donateur n'a pas droit à
une réserve sur les biens par lui donnés, nous devons
nous demander, dans le cas où la succession anomale
s'ouvre, si les biens qui la composent doivent être pris
en considération pour le calcul de la réserve et du disponible. Cette question est très-difficile et surtout très-
délicate. Néanmoins, nous pensons, pour notre part,
que les biens dont il s'agit ne doivent pas figurer dans
le calcul de la réserve et du disponible.

Deux hypothèses peuvent se présenter : ou l'ascendant donateur n'est appelé qu'à la succession anomale,
ou il est appelé à la fois à la succession anomale et à la
succession ordinaire.

Examinons en premier lieu l'hypothèse où l'ascendant n'est appelé qu'à la succession anomale, et supposons, par exemple : 100,000 francs de biens donnés et 100,000 francs de biens ordinaires, deux réservataires ayant ensemble une réserve de moitié, et un légataire ou donataire de biens déterminés faisant partie des biens ordinaires et ayant une valeur de 80,000 francs. Selon nous, les biens qui composent la succession anomale doivent être complétement laissés en dehors, et le calcul ne doit se faire que sur les biens qui se trouvent dans la succession ordinaire. On ne doit pas oublier, en effet, que la masse héréditaire se divise en deux successions tout à fait distinctes, tout à fait indépendantes l'une de l'autre. La première, formant la succession anomale, appartient à l'ascendant donateur *à l'exclusion de tous autres;* la seconde, formant la succession ordinaire, reste donc seule pour satisfaire les prétentions des réservataires et des donataires ou légataires. Partant, c'est sur cette succession seule que doivent se calculer la réserve et le disponible. Ainsi, dans notre espèce, l'ascendant donateur reprendra les 100,000 francs de biens donnés ; la réserve se calculera sur les 100,000 francs de biens ordinaires; les réservataires en prendront moitié, soit 50,000 francs ; le donataire ou légataire sera réduit et ne prendra que pour 50,000 francs de biens ordinaires. Décider autrement serait violer l'article 747, qui, nous ne saurions trop le répéter, décide en termes clairs et précis que l'ascendant succède aux biens donnés *à l'exclusion de tous autres.*

Mais, dira-t-on, les ascendants réservataires et le donataire ou légataire peuvent, en invoquant les articles 915 et 922, soutenir que le calcul doit se faire sur la totalité de la masse héréditaire sans qu'on ait à se préoccuper de l'origine des biens qui la composent. Les ascendants peuvent objecter que la réserve est un droit privilégié, une charge réelle qui pèse sur les biens de la succession, quels qu'ils soient, et que dès lors elle doit se prendre sur la totalité desdits biens. Le donataire ou légataire peut objecter également que le disponible est une dette de la succession ; que la succession anomale étant tenue de contribuer aux dettes proportionnellement à ce qu'elle vaut, elle doit conséquemment contribuer au fournissement du disponible, et dans notre espèce, au fournissement du legs, qui, s'il était calculé sur la totalité des biens, ne dépasserait pas le disponible. A cela nous répondons que notre solution est conforme à l'article 915 ; tandis que la solution contraire aurait pour résultat de nous mettre en contradiction avec ce texte. En effet, cette disposition veut que les ascendants n'aient droit à une réserve que *dans l'ordre où la loi les appelle à succéder;* et précisément ici la loi ne les appelle pas à succéder aux biens donnés ; conséquemment ils ne peuvent prétendre à une réserve sur ces biens, à l'encontre de l'ascendant donateur, qui est *exclusivement* appelé à les recueillir. S'il en était autrement, il faudrait admettre qu'on peut être *héritier réservataire* dans une succession où la loi vous refuse la qualité d'*héritier*, ce qui serait incompréhensible. Quant à l'objection qui consiste à dire que la réserve est un droit privilégié, une charge réelle affectant tous les biens de la succession, elle ne peut pas nous arrêter; car, avant que ce droit privilégié, cette charge réelle soit venue grever les biens dont il s'agit, ils étaient déjà grevés d'une autre charge, celle du droit de retour au profit de l'ascendant donateur. Dans cette situation, cette dernière charge qui a affecté les biens donnés avant l'autre, doit nécessairement passer avant elle, et comme son exécution absorbe les biens en question, il s'ensuit qu'ils ne peuvent être affectés à la réserve. Enfin l'argument tiré de l'article 922 ne nous paraît pas avoir la portée qu'on voudrait lui donner. Selon nous, ce texte ne s'applique qu'aux biens qui composent la succession ordinaire, et non à ceux qui font partie de la succession anomale. Soutenir le contraire serait, ce nous semble, prêter au législateur une idée qu'il n'a point eue lors de la rédaction de cet article. Sans doute les légataires et donataires peuvent dire que la succession anomale est tenue de contribuer aux dettes; nous sommes parfaitement d'accord avec eux sur ce point; mais ce que nous ne pouvons leur accorder, c'est que le disponible soit une dette atteignant la succession anomale. En effet, si, comme nous pensons l'avoir démontré, cette succession ne peut être appelée à subir le calcul de la réserve, il s'ensuit, par contre, qu'elle ne peut être appelée à subir le calcul du disponible, car la réserve et le disponible sont deux choses tout à fait corrélatives et inséparables; le calcul qui fait connaître l'une faisant forcément en même temps connaître l'autre. Évidemment on serait en désaccord avec ce dernier principe si l'on calculait la réserve sur la succession ordinaire seulement, et ensuite le disponible sur les deux successions réunies.

Toutefois, nous faisons observer que si, au lieu d'avoir fait un legs *in specie*, comme nous l'avons supposé dans notre espèce, le *de cujus* avait fait un legs de quotité ou de quantité, nous croyons que la succession anomale serait tenue d'y contribuer, car ces legs portent sur tout l'ensemble des biens laissés par le défunt.

Ainsi, en résumé, selon nous, lorsque l'ascendant donateur n'est appelé qu'à la succession anomale, et que le *de cujus* a donné ou légué des biens déterminés, les biens qui composent la succession anomale ne doivent pas être pris en considération pour le calcul de la réserve et du disponible. C'est sur la succession ordinaire seulement que ce calcul doit s'opérer ; et cela tant et si bien que si la succession ordinaire est nulle, les réservataires et les légataires ne pourront rien prétendre sur les biens donnés ; ils ne toucheront rien. (Conf. MM. Marcadé, art. 747, n° 9 ; — Demolombe, *Traité des Donations*, tome II, n°ˢ 123 et suiv.; — Massé et Verger, sur *Zachariæ*, p. 293; — Cass. 8 mars 1858, rejetant un pourvoi formé contre un arrêt de la Cour de Caen du 8 mars 1856.

Supposons maintenant, que le donataire ait lui-même donné entre vifs les biens qu'il tenait de la libéralité de son ascendant. Nous savons que ce dernier ne peut pré-

tendre à une réserve sur ces biens ainsi sortis du patrimoine du *de cujus*; mais ne devra-t-on pas, dans ce cas,
les faire figurer dans le calcul de la réserve et du disponible? Nous partageons l'affirmative, et voici pourquoi : la disposition qu'a faite le donataire a eu pour
résultat d'empêcher la succession anomale de s'ouvrir.
Cela étant, nous ne nous trouvons en face que d'une
seule succession, la succession ordinaire. Or, cette succession tombe sous l'application de l'article 922, qui veut
qu'aux biens existants lors du décès on réunisse ceux
dont il a été disposé par donation entre vifs. Donc, les
biens dont le donataire a disposé, doivent figurer dans
le calcul de la réserve et du disponible. Il est vrai qu'on
peut nous dire que nous faisons ainsi profiter l'ascendant réservataire des biens d'une succession à laquelle
il n'aurait pas eu droit si elle se fût ouverte, et que par
ce moyen nous lui faisons avoir une réserve plus forte.
A cela nous répondons : Ne vaut-il pas mieux préférer
un ascendant réservataire à un donataire ? Est-ce que la
cause du premier n'est pas plus favorable que celle du
second? Est-ce que l'esprit de la loi ne tend pas à empêcher les biens de sortir de la famille ? Voyez à quelles
conséquences on serait conduit si l'on décidait autrement que nous le faisons : soit 100,000 francs de biens
donnés, 10,000 francs de biens ordinaires, et un ascendant réservataire ; il faudrait dire que la réserve ne
serait que de 2,500 francs, tandis que le disponible
atteindrait le chiffre énorme de 107,500 francs. En vérité, une disproportion aussi monstrueuse est inadmis-

sible. Et si l'on vient nous dire : Mais la réserve n'aurait toujours été que de 2,500 francs si le donataire n'avait pas disposé des biens donnés, nous répondrons : Oui, mais dans cette hypothèse, où iraient les 100,000 francs de biens donnés ? Aux mains de l'ascendant donateur; ils ne passeraient pas en des mains étrangères; ils resteraient dans la famille conformément au vœu et à l'esprit de la loi. Nous pensons donc qu'on doit décider que la réserve et le disponible doivent, dans notre espèce, être calculés tant sur les biens existants au décès que sur ceux que le *de cujus* tenait par donation de son ascendant et dont il a disposé.

Dans le cas où le donataire n'aurait disposé que d'une partie des biens donnés, notre solution serait la même ; cette partie des biens se réunirait aux biens ordinaires et servirait comme eux au calcul de la réserve et du disponible.

Supposons maintenant qu'au lieu d'avoir disposé par acte entre vifs, le donataire ait fait des legs. Plusieurs hypothèses peuvent alors se présenter; ainsi, il peut avoir fait un legs universel ou un legs à titre universel, ou un legs de quantités ou un legs de corps certain. Passons en revue ces différents cas.

I. — *Le donataire a fait un legs universel.* — Un semblable legs comprend tous les biens que possédait le *de cujus,* aussi bien ceux donnés que ceux ordinaires. Dans ce cas, notre solution sera la même que celle que nous venons d'admettre pour la donation entre vifs; car il n'y a plus de succession anomale possible ; il n'y a uniquement qu'une succession ordinaire, laquelle est régie par les règles du droit commun. Les biens donnés rentreront donc dans la succession ordinaire, et figureront en ligne de compte pour le calcul de la réserve et du disponible.

II. — *Le donataire a fait un legs à titre universel.* — On sait qu'il y a legs à titre universel lorsque le *de cujus* a légué, soit une fraction de tous les biens qu'il laissera à son décès, soit une fraction des biens dont la loi lui permet de disposer, soit tous ses immeubles, soit tous ses meubles, soit une fraction de tous ses immeubles, soit une fraction de tous ses meubles. Faisons l'application de ces diverses hypothèses :

1° Le *de cujus* a légué une quote part des biens qu'il laisserait à son décès, soit les trois quarts par exemple. Un semblable legs frappe aussi bien les biens donnés que les biens ordinaires ; il enlève à la succession anomale les trois quarts des biens qui devaient la composer, pour les faire tomber dans la succession ordinaire. C'est sur cette dernière ainsi augmentée que s'élèveront les prétentions des réservataires et du légataire à titre universel. Ainsi, soit 120,000 francs de biens donnés, 120,000 francs de biens ordinaires, deux ascendants ayant droit ensemble à une réserve de moitié, le legs à titre universel enlevant les trois quarts à la succession anomale, la succession ordinaire se trouve augmentée d'autant, et son actif se trouve porté à 210,000 francs. Le légataire subira une réduction en présence des réservataires qui ont une réserve de moitié ; il touchera

105,000 francs, les réservataires toucheront pareille somme ; quant à l'ascendant donateur, sa succession ne comprendra que les 30,000 francs restant après la déduction des 90,000 francs enlevés par l'effet du legs.

2° Le *de cujus* a légué une quote part des biens dont la loi lui permettait de disposer, soit moitié par exemple. Cette disposition frappe l'une et l'autre succession ; aussi chacune d'elles doit contribuer au fournissement du legs. Ainsi soit 100,000 francs de biens donnés, 100,000 francs de biens ordinaires, deux réservataires ayant droit ensemble à une réserve de moitié, et un legs de la moitié du disponible. La réserve étant de moitié, le disponible dans la succession ordinaire sera également de moitié, soit 50,000 francs ; mais, comme le legs ne comprend que la moitié du disponible, le légataire ne doit toucher dans cette succession que 25,000 francs. Dans la succession anomale, dont le montant est, dans l'espèce, égal à celui de la succession ordinaire, il touchera de même pareille somme de 25,000 francs.

3° Le *de cujus* a légué tous ses immeubles. Si les biens donnés consistaient uniquement en immeubles, le legs aura pour effet d'anéantir complétement la succession anomale ; les biens qui l'auraient composée retomberont dans la succession ordinaire qu'ils viendront grossir, et c'est sur cette succession ainsi augmentée que s'engageront les prétentions des réservataires et du légataire. Si, au contraire, les biens donnés consistaient en meubles, le legs dont il s'agit ne regarderait en aucune façon la succession anomale. Enfin, si les biens donnés consistaient en meubles et en immeubles, la succession ne s'évanouirait qu'en partie, c'est-à-dire quant aux immeubles seulement, et elle subsisterait pour les meubles si, bien entendu, ils se retrouvaient en nature.

4° Le *de cujus* a légué tous ses meubles. Si les biens donnés consistaient en meubles, un pareil legs ferait disparaître la succession anomale pour ne laisser subsister que la succession ordinaire. Si, au contraire, ils consistaient en immeubles, ce legs n'aurait aucun effet sur la succession anomale, qui n'aurait à s'en préoccuper en aucune façon. Enfin, s'ils consistaient en meubles et en immeubles, la succession anomale ne s'ouvrirait que pour les immeubles seulement.

5° Le *de cujus* a légué une quote part de ses immeubles, le quart, par exemple, et précisément les biens donnés consistent en immeubles. Ce legs portera aussi bien sur la succession anomale que sur la succession ordinaire; chacune d'elles devra donc y contribuer. Ainsi, soit 20,000 francs d'immeubles parmi les biens donnés et 40,000 francs parmi les biens ordinaires; les 20,000 francs d'immeubles de la succession anomale fourniront un quart, soit 5,000 francs; quant aux 40,000 francs d'immeubles de la succession ordinaire, ils fourniront également leur quart, soit 10,000 francs.

6° Le *de cujus* a légué une quote part de ses meubles, soit le tiers par exemple. Si la succession anomale contient des meubles, elle devra contribuer au fournissement du legs jusqu'à concurrence d'un tiers, de même que la succession ordinaire. Si elle ne contient pas de meubles, elle sera affranchie de toute contribution.

III.—*Le* de cujus *a fait un legs de quantité, il a légué* 50,000 *francs, par exemple.* —Un legs de cette nature pèse sur tout l'ensemble du patrimoine ; il frappe aussi bien la succession anomale que la succession ordinaire ; c'est une charge à laquelle elle devra contribuer proportionnellement, absolument comme elle doit contribuer au payement des dettes.

IV. — *Le* de cujus *a fait un legs de corps certains.*— Ici, plus de contribution entre les deux successions. Un semblable legs doit être acquitté par la succession dans laquelle rentre le bien légué ; car il ne porte pas à la fois sur l'une et l'autre succession, il ne frappe pas sur tout l'ensemble des biens laissés par le *de cujus.* Si donc ce bien rentre dans la succession anomale, elle doit supporter seule le legs ; si, au contraire, il rentre dans la succession ordinaire, la succession anomale ne doit y contribuer en aucune façon.

Ainsi qu'on le voit, le principe qui nous guide dans les divers cas que nous venons de passer en revue, est celui-ci : les legs des quotités et de quantités doivent être acquittés proportionnellement par les deux successions, parce qu'ils portent sur tout l'ensemble du patrimoine. Quant aux legs de corps certains, comme ils ne frappent pas l'ensemble du patrimoine, ils doivent être

acquittés par la classe de biens à laquelle apportien-
nent les biens légués.

Examinons maintenant notre seconde hypothèse,
c'est-à-dire celle dans laquelle l'ascendant est appelé
à la fois à la succession anomale et à la succession
ordinaire.

Ici encore, la controverse ne fait pas défaut. Ainsi,
il est des auteurs qui ont prétendu notamment que
dans cette hypothèse, l'ascendant donateur doit imputer sur sa réserve les biens donnés qu'il recueille.
Pour le soutenir, ils ont présenté les arguments suivants : 1° Tout ce qu'un héritier prend dans une succession doit s'imputer sur sa réserve ; conséquemment,
l'ascendant reprenant les biens donnés par droit de
succession et comme héritier, l'imputation dont s'agit
doit avoir lieu ; 2° la loi ne recherche pas l'origine des
biens lorsqu'il s'agit de la formation des réserves, pas
plus que lorsqu'il s'agit de la dévolution aux héritiers;
donc peu importe sur quels biens la réserve est prise.
(Conf. MM. Chabot, art. 747, n° 15, 6°; — Delvincourt, tome II, p. 19, note 5 ; — Duranton, tome VI,
n° 228.)

Mais nous ne pouvons admettre cette doctrine, car
elle est contraire aux principes. Selon nous, il ne faut
pas oublier que le patrimoine du *de cujus* donataire se
décompose en deux successions, qui sont tout à fait
distinctes l'une de l'autre. Or, s'il en est ainsi, est-il
possible d'admettre le premier argument que l'on présente? Certainement non ; sans doute cet argument est

juste lorsqu'on est en présence d'une seule succession ; l'héritier réservataire doit, en ce cas, imputer sur la réserve que lui doit cette succession, tout ce qu'il y a pris, tout ce qu'il en a reçu. Mais dans notre hypothèse, il n'en est pas de même ; ce qu'a reçu l'ascendant ne faisait pas partie de la succession ordinaire, qui seule lui doit sa réserve. Comment donc alors serait-il possible qu'il puisse imputer les biens qu'il a pris dans une succession, sur la réserve à laquelle il a droit dans une autre succession? Évidemment, cela est de toute impossibilité. Et puis, à quelle conséquence est-on conduit? L'ascendant donateur, aux termes de l'article 747, est appelé à succéder seul, et *à l'exclusion de tous autres,* aux biens par lui donnés ; or, si on exige l'imputation dont il s'agit, il prendra d'autant moins dans la succession ordinaire ; de telle sorte qu'on arrivera ainsi à faire profiter indirectement les héritiers ordinaires de la succession anomale, au détriment de l'ascendant que la loi a voulu entourer d'une faveur spéciale. On le voit, cet argument conduit à des conséquences inadmissibles, qui le condamnent formellement. Quant au second, il n'est pas plus fondé ; car, s'il est vrai que la loi ne recherche pas l'origine des biens pour la formation des réserves, c'est précisément dans toute autre hypothèse que celle où l'on se trouve en face d'un ascendant donateur. Revenons donc au principe fondamental qui doit servir de guide en cette matière, et disons : L'ascendant dans notre espèce réunit deux qualités ; la première est celle d'ascendant donateur, en vertu de laquelle il recueille exclusivement les biens donnés, qui forment une succession distincte ; la seconde est celle d'ascendant réservataire, en vertu de laquelle il peut exercer un droit de réserve sur les biens de la succession ordinaire. Ces deux qualités sont essentiellement distinctes comme les droits qu'elles confèrent, et aucune confusion n'est possible entre elles. (Conf. Grenier, *Donations*, tome II, n° 598 ; — Favard, v° *Successions*, Sect. II, § 2, n° 6 ; — Vazeille, art. 747, n° 10 ; — Marcadé, art. 747, n° 9 ; — — Demolombe, *Traité des Donations*, tome II, n° 123 et suivants. — Cass., 8 mars 1858, rejetant un pourvoi contre un arrêt de Caen du 8 mars 1856).

Ainsi l'ascendant pourra cumuler sa réserve avec les biens donnés, comme aussi, si la succession ordinaire est nulle, il pourra l'abandonner aux autres réservataires et aux légataires, pour s'en tenir, à l'exclusion de tous autres, aux biens qu'il avait donnés. Veut-il, par exemple, favoriser les héritiers de la succession ordinaire, il répudiera la succession anomale, qui alors retombera dans la succession ordinaire et leur profitera. Craint-il d'être obligé de rapporter à ses cohéritiers plus qu'il n'a à recevoir comme héritier, il répudiera la succession ordinaire et arrivera seulement à la succession anomale. Nous le répétons, ces deux qualités sont complétement distinctes, complétement indépendantes l'une de l'autre.

Telles sont les solutions que nous croyons devoir donner, par suite du rapprochement de notre article 747 avec les principes qui régissent la quotité disponible et la réserve. Cette partie de notre sujet est difficile et délicate ; aussi nous ne serions pas étonnés de nous voir contredits.

APPENDICE

Nous touchons à la fin de notre matière. Ce qu'il nous reste à dire sera très-court, car nous n'avons plus qu'à signaler les différences qui séparent la succession de l'ascendant donateur des successions ordinaires et du retour conventionnel.

Examinons d'abord les différences existant entre notre succession anomale et les successions ordinaires.

Première différence. — Dans les successions ordinaires, on ne considère ni la nature ni l'origine des biens (art. 732.)— Dans la succession anomale, au contraire, on recherche l'origine des biens ; cette succession ne peut comprendre que des *biens-donnés* par l'ascendant.

Deuxième différence. — Dans les successions ordinaires, les héritiers succèdent à l'universalité ou à une quote part de l'universalité des biens laissés par le *de cujus.*— Dans la succession anomale, au contraire, l'ascendant ne succède qu'à des biens déterminés, il est *successor in re singulari*.

Troisième différence. — Les successions ordinaires peuvent être dévolues soit à des ascendants, soit à des collatéraux, pourvu qu'ils se trouvent au degré voulu par la loi. — Notre succession anomale, au contraire, n'est jamais dévolue qu'aux ascendants qui réunissent la qualité de donateurs, quel que soit, du reste, le degré auquel ils se trouvent par rapport au *de cujus*.

Quatrième différence. — Les successions ordinaires peuvent être soumises à une réserve, au profit de certains parents désignés par la loi. — Dans la succession anomale, au contraire, il ne peut jamais être question de réserve.

Voyons maintenant en quoi le retour successoral diffère du retour conventionnel.

Si nous supposons une donation faite avec stipulation ou convention de retour, par une personne autre qu'un ascendant, et même par un ascendant, car rien ne s'oppose à ce qu'il stipule le droit de retour en cas de prédécès du donataire avec ou sans postérité, cette donation ne transfère pas au donataire une propriété définitive et incommutable. Il n'est propriétaire que sous condition résolutoire ; de telle sorte que, s'il vient à décéder avant le donateur, ce dernier est considéré comme n'ayant jamais cessé d'être propriétaire. Cette résolution produit son effet, non-seulement entre les parties, mais encore au regard des tiers ; car il est de principe qu'on ne peut transférer plus de droits qu'on n'en a soi-même : *Nemo plus juris transferre potest quam ipse habet.* Mais si, maintenant, nous supposons une donation faite par un ascendant, sans stipulation de retour, cette donation transfère au donataire une propriété définitive et incommutable ; ce qui lui permet de disposer irrévocablement de la chose à lui donnée. S'il vient à décéder avant l'ascendant donateur, la donation n'est pas résolue ; ce dernier n'est pas considéré comme n'ayant jamais cessé d'être propriétaire ; il a perdu dans le passé la propriété des biens donnés, et s'il la recouvre, ce n'est qu'à titre de succession. Dans la première hypothèse, nous nous trouvons dans le cas du retour conventionnel ; dans la seseconde, nous nous trouvons, au contraire, dans le cas du retour successoral.

Entre ces deux droits de retour, nous pouvons signaler les différences suivantes :

Première différence. — Au cas de retour conventionnel, le donateur peut exercer la reprise des biens qu'il a donnés, soit dans le patrimoine du donataire décédé, soit même entre les mains des tiers qui les ont acquis de ce dernier ; sans préjudice toutefois à la règle *En fait de meubles, possession vaut titre*, lorsque les objets donnés seront des meubles. — Au cas de retour successoral, au contraire, l'ascendant donateur ne peut reprendre les biens par lui donnés, qu'autant qu'ils se retrouvent en nature et à titre de biens donnés dans la succession du donataire ; il ne peut jamais inquiéter les tiers acquéreurs, à moins, toutefois, qu'il n'existe une action en reprise.

Deuxième différence. — Au cas de retour conventionnel, les biens donnés rentrent dans le patrimoine du donataire, francs et quittes des hypothèques, servitudes et autres droits réels dont le donataire pourrait les avoir grevés, sauf l'exception de l'article 952, relative à l'hypothèque de la dot et des conventions matrimoniales. — Au cas de retour successoral, au contraire, le donateur est obligé de respecter toutes les charges dont le donataire les aurait affectés.

Troisième différence. — Au cas de retour conventionnel, le donateur reprend les biens par lui donnés, sans être tenu, en quoi que ce soit, de contribuer au payement des dettes du donataire. — Au cas de retour successoral, l'ascendant donateur doit, au contraire, contribuer au payement des dettes.

Quatrième différence. — Au cas de retour conventionnel, le donateur a action contre les héritiers du donataire, à raison des détériorations et de la perte des biens donnés provenant du fait ou de la faute de ce dernier. — Au cas de retour successoral, le donateur n'a aucune action; il reprend les biens donnés tels qu'ils se trouvent dans la succession du donataire, sans pouvoir prétendre à aucune indemnité, quand même les détériorations ou la perte proviendraient du fait ou de la faute du donataire.

Cinquième différence. — Au cas de retour conventionnel, le droit de reprise du donateur ne constituant pas un droit de succession, il s'ensuit que du vivant du donataire il peut le vendre ou le céder, et même y renoncer. — Au cas de retour successoral, au contraire, le droit du donateur étant un droit de succession, il en résulte que du vivant du donataire, il ne peut ni le vendre ni y renoncer.

Telles sont, en peu de mots, ainsi, du reste, que nous l'avons annoncé, les différences qui séparent notre succession anomale des successions ordinaires et du retour conventionnel.

POSITIONS.

—◦◦—

DROIT ROMAIN

I. — Le pacte adjoint *in continenti* à une stipulation, *ad augendam obligationem*, ne produit pas d'action.

II. — Lorsque la fille était morte *durante matrimonio*, le retour de la dot profectice aux mains du père constituant n'était pas une conséquence de la puissance paternelle.

III. — Les lois 79 *De jure dotium* et 6 *De collatione*, D., ne sont pas inconciliables.

IV. — Dans le *mutuum* il n'était jamais dû d'intérêts moratoires.

V. — L'*unciarium fœnus* représentait un douzième du capital pour l'année.

VI. — A l'époque de la jurisprudence classique, la restitution des fruits non consommés n'était pas exigée du possesseur de bonne foi.

DROIT FRANÇAIS

I. — C'est à titre successif que l'ascendant exerce le retour successoral.

II. — L'ascendant qui recueille la succession anomale est tenu des dettes *ultra vires*.

III. — L'article 843 ne peut jamais recevoir son application au cas de succession anomale.

IV. — Le père ou la mère de l'enfant naturel ne peut prétendre au retour successoral.

V. — La postérité naturelle n'est pas un obstacle au retour, mais la postérité adoptive s'y oppose.

VI. — L'ascendant donateur ne peut pas exercer le droit de retour dans la succession de ses petits-enfants décédés sans postérité, sur les biens par lui donnés à leur père décédé.

VII. — Pour que la succession anomale puisse s'ouvrir, il faut que la chose donnée se retrouve identiquement, *in specie*, dans la succession.

VIII. — L'ascendant donateur ne peut prétendre au retour à l'encontre du légataire des biens donnés.

IX. — Il n'y a pas lieu au retour lorsque, après avoir été valablement aliéné, le bien donné rentre dans le patrimoine du donataire par achat, succession, donation ou autrement.

X. — L'ascendant ne peut exercer le droit de retour sur la chose acquise en échange du bien donné.

XI. — Lorsque le donataire a fait des impenses qui ont

amélioré la chose donnée, l'ascendant ne peut la reprendre sans indemnité.

XII. — Les biens donnés ne doivent jamais figurer en
ligne de compte pour le calcul de la réserve et du disponible. Ce calcul ne doit être fait que sur les biens de la
succession ordinaire.

Les legs de quantités doivent être acquittés proportionnellement par la succession anomale et par la succession ordinaire.

DROIT CRIMINEL

I. — L'associé gérant d'une société en commandite,
qui détourne des fonds appartenant à la société pour les
appliquer à ses besoins personnels, commet un délit d'a-
bus de confiance, ce qui le rend passible des peines portées par l'article 408 du Code pénal.

II. — Dans le cas où une action criminelle est intentée,
à raison de la destruction ou de la soustraction de la
preuve littérale d'une obligation supérieure à 150 fr., la
preuve de cette soustraction ou de cette destruction
peut être faite par témoins, nonobstant l'article 1341 du
Code Napoléon.

DROIT INTERNATIONAL

I. — Lorsqu'un individu prévenu de crime s'est réfu-
gié dans l'hôtel d'un ambassadeur, de la suite duquel il
ne fait pas partie, les autorités du pays peuvent non-seu-

lement prendre les mesures nécessaires pour prévenir l'évasion du criminel, mais même l'enlever de force, dans le cas où l'ambassadeur refuserait l'extradition qui lui serait dûment demandée.

II. — Les neutres ne doivent respecter le blocus qu'autant que la puissance qui l'a déclaré est à même d'empêcher tout débarquement.

HISTOIRE DU DROIT

I. — L'origine des Fiefs se rattache à la clientèle militaire des Germains.

II. — L'origine de la censive remonte aux derniers siècles de la domination romaine ; elle prit naissance dans le patrociniat.

Vu par le Président de la Thèse,

COLMET-DAAGE.

Vu par le Doyen de la Faculté,

A. PELLAT.

Vu
et permis d'imprimer :

*Le Vice-Recteur de l'Académie
de Paris,*

MOURIER.

Paris. — Typ. Morris et Comp., rue Amelot, 64.

Paris. — Typ. Morris et Comp., 64, rue Amelot.